# O Império em Procissão

Lilia Moritz Schwarcz

# O Império em Procissão

*Ritos e símbolos do Segundo Reinado*

ZAHAR

*Capa*
Carol Sá e Sérgio Campante

*Ilustração da capa*
O ato de coroação do Imperador d. Pedro II
Óleo de François René Moreaux, 1842, Museu Imperial de Petrópolis.

*Vinheta da coleção*
Ilustração de Debret

CIP-Brasil. Catalogação na fonte
Sindicato Nacional dos Editores de Livros, RJ.

Schwarcz, Lilia Moritz, 1957-
S426i O Império em procissão: ritos e símbolos do Segundo Reinado / Lilia Moritz Schwarcz. — 1ª ed. — Rio de Janeiro : Zahar, 2001.
(Descobrindo o Brasil)

Inclui bibliografia
ISBN 978-85-7110-580-5

1. Brasil — História — II Reinado, 1840-1889. 2. Brasil — Usos e costumes. 3. Poder (Ciências sociais). I. Título. II. Série.

CDD: 981.04
00-1527 CDU: 981"1840/1889"


EDITORA SCHWARCZ S.A.
Praça Floriano, 19, sala 3001 — Cinelândia
20031-050 — Rio de Janeiro — RJ
Telefone: (21) 3993-7510
www.companhiadasletras.com.br
www.blogdacompanhia.com.br
facebook.com/editorazahar
instagram.com/editorazahar
twitter.com/editorazahar

FSC
www.fsc.org
MISTO
Apoiando o manejo florestal responsável
FSC® C128038

A marca FSC® é a garantia de que a madeira utilizada na fabricação do papel deste livro provém de florestas que foram gerenciadas de maneira ambientalmente correta, socialmente justa e economicamente viável, além de outras fontes de origem controlada.

Esta obra foi composta por TopTextos Edições Gráficas em Garamond Pro e Rotis Semi Sans e impressa pela Um Livro sobre papel offset para a Editora Schwarcz a partir de 202

# Sumário

# Introdução: "Símbolos são bons para pensar"

Não é de hoje que se procura pela racionalidade do poder político: a forma como o Estado se organiza, as leis que implementa, as posturas que adota. Mais difícil é pensar — nesses tempos tão modernos — de que maneira uma série de rituais, símbolos e costumes constitui o poder e faz parte de sua realização de modo tão eficiente quanto as medidas mais diretas e, por definição, racionais em sua execução. Na verdade, trata-se de pensar na dimensão simbólica do poder político, em como o Estado se utiliza de aparatos teatrais para representar e encenar o poder, que efetivamente exerce.

Se não há governo que deixe de usar esse tipo de recurso, pode-se dizer que é somente na monarquia que rituais e símbolos ganham um lugar oficial, fazendo parte do próprio corpo da lei. É nesse regime que a etiqueta adquire uma posição central, que a festa se realiza como uma extensão do sistema, que as insígnias representam a sobrevivência e a vigência do modelo e que o rei se transforma em ícone maior, símbolo dileto do Estado. Entender a sociedade de corte significa, portanto, adentrar essa lógica própria da realeza, de uma vida que gira em torno do rei, e de um tipo de expediente que pressupõe a exposição e afirmação constantes das diferenças hierárquicas. Tal qual um argumento cênico, o ritual e a simbologia transformam-se em modelo teatral, parte essencial e integral do Estado.

A idéia aqui é, portanto, privilegiar essa perspectiva: o terreno mágico, sagrado e simbólico da realeza brasileira que, ao mesmo tempo, atualizou a tradição européia (espelhada num modelo Habsburgo, Bourbon e Bragança) e a fez dialogar com as representações locais, anteriores a seu estabelecimento. É por isso mesmo que as procissões eram acompanhadas por gentes, cores, cheiros e sons diferentes. É por isso, também, que o manto do soberano representará o céu do Brasil e a "murça" do imperador será feita de penas de papo de tucano: uma homenagem aos caciques desta terra tropical. Além disso, em meio a uma corte mestiça, nada como encontrar escravos cantores de música sacra e artistas mulatos pintando telas na mais pura tradição acadêmica européia. O fato é que os rituais se misturaram assim como os nomes. O próprio termo "imperador" seria uma resposta a várias demandas locais. Em primeiro lugar, simbolizaria a extensão do território, que, em função de suas dimensões continentais, bem merecia ser denominado império. Além disso, faria justiça às preferências políticas de d. Pedro I, que nunca negou sua admiração pelo imperador francês Napoleão Bonaparte. E ainda, se em Portugal havia rei, aqui, pela lógica da oposição, teríamos um imperador. O argumento final, porém, faria parte de uma lógica particular: José Bonifácio, o grande artífice da Independência, teria convencido o jovem monarca alegando que o povo já conhecia o termo — há muito tempo a população elegia a cada ano um imperador do Divino, menino que com sua graça emprestava o nome ao santo. Entre tantos universos cruzados vemos como a lógica simbólica inscreve-se na dinâmica do poder.

Mas o convite que faço ao leitor é um pouco diferente. Nada como seguir a procissão que agitava as ruas da corte com a notícia da coroação de d. Pedro II, e assim tomar parte nesse cortejo de sagração do monarca, tal qual espectadores privilegiados. As ruas são esburacadas e cheiram mal, a população é mulata e adere ao ritual com seus lundus e batuques, mas, de toda maneira, vale a pena o sacrifício. Afinal, estamos no início de 1841; o golpe da maioridade, implementado pelos conservadores, colocou no trono d. Pedro II com apenas 14 anos, e é chegado o momento de vê-lo passar pelas ruas, com seu manto da cor do céu do Brasil, o cetro de ouro que brilha à luz do sol e uma coroa feita com pedras do local. O dia, infelizmente, está chuvoso e a lama suja tudo e a todos. Não obstante, não há outra maneira de tomar parte nesse teatro, onde se dissimulam a pouca idade do rei e a instabilidade de um Estado, que só pode imaginar sua centralização a partir da imposição de um governante que é antes um símbolo: um símbolo de sua posição, local e poder.

## Seguindo a procissão: a lógica das festas e dos rituais

No dia 16 de julho de 1841 a corte do Rio de Janeiro amanheceu em festa. Junto com os preparativos, nas mãos de alguns, aparecia um pequeno libreto de dez páginas com o seguinte título: *Disposições para a Sagração de S.M. O Imperador*. Produzido pela Typographia Nacional e financiado pela Secretaria dos Negócios do Império, o documento, datado de 15 de junho, além de revelar como a monarquia contava com mecanismos para veicular e divulgar suas imagens mais tradicionais, explicava de forma quase didática — e com um mês de antecedência — o programa que seria seguido pela população na tão esperada ocasião do coroamento de Pedro de Alcântara. Estava para acontecer o maior espetáculo que jamais se encenara no Brasil, o mais reluzente dos teatros da corte, que exibia com luxo seus símbolos e rituais diletos.

No entanto, o contraste entre tais pretensões civilizadoras da corte — sintetizadas no evento de coroação — e a alta densidade de escravos é flagrante para todo aquele que experimente olhar para os lados. Longe das luxuosas cortes européias, a capital da monarquia brasileira, em 1838, possuía cerca de 37 mil escravos, numa população total de 97 mil habitantes. Além disso, 75% dos escravos, em média, eram africanos, dado que sinaliza a importância da população de cor na cidade do Rio de Janeiro. A corte reuniria em 1851, por exemplo, a maior concentração urbana de escravos existente no mundo desde o final do Império romano: 110 mil escravos sobre 266 mil habitantes. Entranhado não só no município neutro do Império, como em todo o território nacional, o escravismo representava uma ameaça constante à estabilidade da monarquia e contrastava com a imagem oficial desse reinado americano.

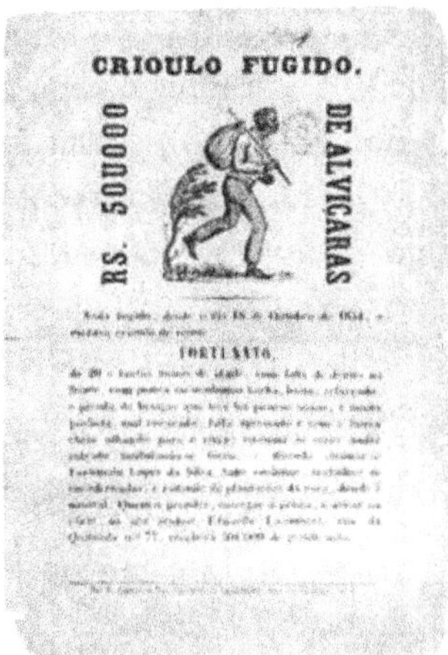


Volante oferecendo recompensa por escravo fugido, enumerando características físicas, maneiras e qualificações do cativo, 1854.

Não era, porém, apenas a escravidão que ofuscava o cenário civilizatório do Império. É difícil esquecer o caráter isolado da Corte e dos poucos centros urbanos: o peso da população rural era enorme quando contrastado à urbana. A população das capitais do Império representava 8,49% da população total em 1823. Para completar o quadro, cerca de metade dessa população concentrava-se em apenas três capitais — Rio de Janeiro, Salvador e Recife —, 59% em 1832. Percebe-se, portanto, a importância da Corte como centro irradiador, mas também seu caráter de exceção.

Todavia, o que estamos prontos para assistir deveria relativizar e tornar pouco efetivo esse tipo de demonstração. Afinal, estava para ser coroado, entronizado e sacralizado o primeiro monarca genuinamente brasileiro, o representante de uma dinastia local. E, para tanto, não havia limites financeiros e de imaginação. É por isso mesmo que a organização do evento, que deveria se prolongar durante quatro dias festivos — de 16 a 19 de julho de 1841 —, estava rigorosa e minuciosamente estabelecida no folheto distribuído com tanta antecedência. No Programa n.1 constava que:

> No dia dezesseis de julho, ao meio-dia, Sua Majestade o Imperador fará sua entrada solene na capital do Império, em grande cortejo, que será formado pela maneira seguinte: um piquete de cavalaria comandado por alferes; a música das imperiais cavalariças; o rei d'armas, arauto e passsavante; seis porteiros da massa e seis da cana; os juízes de paz da cidade em exercício,

que quiserem esta honra; um piquete de cavalaria comandada por tenente.

O documento explicitava, ainda, o lugar estrito das pessoas que, tendo recebido convite especial providenciado pela Secretaria de Estado dos Negócios do Império, deviam se apresentar em carruagens e sem precedência. São elas: os membros da Câmara Municipal; dois reposteiros a cavalo; o coche que conduzir o porteiro da imperial câmara, o esmoler-mor, o guarda-roupa e o médico da semana; os moços da estribeira a cavalo; o coche que leva os veadores em serviço; o coche das damas em serviço; o coche transportando o mordomo-mor e o gentil-homem de semana; o coche do estribeiro-mor, que terá ao lado direito um ferrador a cavalo; dois coches conduzindo os ministros e secretários de Estado; o coche de respeito de Suas Altezas Imperiais, que será guardado por um moço da câmara a cavalo, do lado esquerdo; o coche que tem a honra de levar Suas Altezas Imperiais, que será guardado por dois moços da câmara a cavalo, um de cada lado; o coche de respeito de Sua Majestade o Imperador, tendo por guarda dois moços da câmara a cavalo, um de cada lado; o tenente da imperial guarda de arqueiros; o coche que acompanhará o Imperador, o qual terá ao lado direito o capitão de guarda de arqueiros e ao esquerdo o estribeiro-menor; a imperial guarda de arqueiros formará alas exteriores às dos moços da câmara, marchando a pé e descobertos; os moços da estribeira formarão alas por fora de todos estes, marchando também a pé e descobertos; o general comandante das armas da corte com seu estado-maior seguirá o coche de Sua Majestade o Imperador, entre este e a guarda de cavalaria; a guarda de cavalaria. Todos lá, à espera do início da cerimônia.

O Programa n.1 tratava, mais à frente, das regras para a entrada do monarca na capital do Império; um grande cortejo que rumaria do Paço de São Cristóvão ao Paço da Cidade. Marcado para iniciar ao meio-dia, o evento envolveria centenas de pessoas, que deveriam incorporar-se à procissão, em momentos precisos do percurso, com posições e atitudes minuciosamente descritas. Cada um com sua função e seu instante de glória. Piquetes de cavalarias, alas de coches, marchas, carruagens, arqueiros, girândolas, tiros e salvas que estrondeariam em momentos predeterminados — tudo virava instrumento para a atenção, a atração, a sedução e, porque não, para a imposição.

Mesmo sem saber o que cabia a quem, pode-se dizer que cada coisa estava em seu lugar. Era a própria corte que saía às ruas em desfile, reforçando, com sua presença, uma hierarquia que era imposta de forma costumeira e no estatuto da lei, que, nesse caso, incluía o ritual em sua própria constituição.

Com efeito, a prática não era original, já que as festas oficiais eram corriqueiras também na corte portuguesa. Na realidade, já naquele reino o monarca tinha por obrigação dar festas em ocasiões extraordinárias — como casamentos, nascimentos, chegadas e partidas de embaixadores ou de visitantes ilustres. Além disso, muitos ritos eram regulares e, embora predominantemente profanos, ocorriam junto com as festas litúrgicas. Era é o caso do Natal, da Páscoa e do dia de Corpus Christi, que se faziam acompanhar, em Portugal como no Brasil, por procissões e danças pelas ruas. Dessa maneira, além do componente religioso, essas festas garantiam o prolongamento do poder real, no espaço público e no próprio Paço, com divertimentos cotidianos, pompa e vestes.

Mas as festas falam mais; retomam e repetem uma lenta ladainha que não se conforma exclusivamente à lógica do poder, já que no espaço da festa trocam-se dons e contra-dons, experiências, bens e símbolos. Se isso tudo é verdade, nada como refletir sobre o contexto aqui selecionado. Nesse grande Império americano, as festas deveriam ser grandiosas

*Festas populares.* Carlos Julião, 1795.

e "memoráveis", no sentido de fazer guardar na memória, misturando tempos diferentes e ritos desiguais em seu passado. Não fosse isso, não entenderíamos esse "ethos da festa", as festas barrocas, as festas do Império e outras tantas festas que interrompem o dia a dia para imprimir, com seu porte majestoso, uma certa oficialidade. Não fosse isso e não perceberíamos por que a agenda do Império é constantemente marcada por esses dias especiais, que lembram fatos, personagens e santos distantes e que estabelecem uma quantidade impressionante de motivos para comemorar. "País das festas", aí está uma face pouco compreendida pelos inúmeros viajantes que vieram, durante o século XIX, conhecer esse exótico império. Nada como lembrar o testemunho do reverendo norte-americano Daniel Parish Kidder, que permaneceu no país de 1836 até 1842 e, portanto, presenciou nossa brilhante procissão: "Feriados no entender dos naturais do país são aqueles dias aos quais todos os outros estão subordinados."

## A confirmação do território: os paços e as viagens

Mas não estamos prontos para presenciar uma procissão qualquer. Trata-se de marcar uma circunstância particular, de fixar na memória a existência de um novo soberano. No entanto, se a motivação representa uma exceção, o recurso é recorrente, na medida em que, novamente, é a procissão que oficializa a data e garante a importância da ocasião. Mais uma vez, o diálogo com um tempo longo é evidente: o cortejo se parece com as Entradas Régias em Portugal, cerimônias de "recebimento" em que os reis portugueses eram recepcionados com largas demonstrações de boas-vindas. Esse tipo de ocasião era também especial para que se confirmassem privilégios, se concedessem novos direitos ou, ainda, fosse reafirmada a lealdade ao rei, que se manifestava por meio da realização desses grandes rituais que, com seu esplendor, estendiam e desenhavam as fronteiras do Estado.

Também no Brasil monárquico a lógica parece semelhante. O cortejo seguia do Paço de São Cristovão — morada de d. Pedro — ao Paço da Cidade, local onde eram realizadas todas as cerimônias oficiais. Nesse primeiro trajeto, o soberano demarcava seus domínios na Corte a partir da exibição de suas grandiosas moradas. Ou seja, na construção simbólica da figura pública do imperador, a representação de seus suntuosos palácios e a correlação destes com sua própria imagem são uma constante. Não é por mero acaso que, nas imagens oficiais, ao lado das reproduções do monarca, aparecem com freqüência desenhos e litogravuras das residências imperiais.

Longe de uma feliz coincidência, na recorrência há um sentido.

Se a casa de um nobre era um distintivo de classe e seu aspecto exterior era símbolo da posição, importância e hierarquia de seu chefe, o palácio do soberano deveria ser ímpar. Na França de Luís XIV, a palavra *palais* só poderia ser empregada quando se referisse à habitação do rei; à nobreza caberia o *hôtel.* Sem tanta rigidez, o Império brasileiro do século XIX guardou algumas semelhanças com o modelo francês. *Palácio* era o do monarca ou de membros da família imperial. Os representantes da nobreza e da corte, que habitavam nas cidade, moravam em *palacetes.*

Os palácios do soberano eram administrados pela Casa Imperial, que, como uma instituição bem estruturada, era composta por repartições diversas e todas

Paço da Cidade.

subordinadas à mordomia-mor. O mordomo-mor, nomeado pelo monarca e figura de destaque na organização do Império brasileiro como um todo, era o oficial mais importante: responsável pelas finanças do soberano, todos os demais oficiais lhe eram subordinados. Tinha íntima comunicação com o monarca e com o ministério, a quem prestava contas, e é por isso, também, que seu lugar no cortejo era precisamente demarcado.

O dinheiro para a manutenção dos palácios e da família imperial vinha do Tesouro Público, sob a denominação de "dotação", sendo encaminhado ao mordomo, com quem o ministério tratava as "ações ativas e passivas concernentes aos interesses da Casa Imperial", conforme previsto na Constituição de 1824. Aí estava montada toda uma importante maquinaria para a construção da representação do monarca: não há rei sem palácios, da mesma forma como não há soberania sem território.

Assim como as festas deveriam ser, sempre, memoráveis na confirmação dos domínios, também as viagens do monarca se transformavam em ocasiões de reafirmação de seu poder. Dessa maneira se explica o fato dos reis viajarem tanto e multiplicarem suas residências e territórios com sua simples passagem. Em meio a um jogo político e simbólico, a itinerância do soberano reafirmava seus direitos, legitimava seu poder e apropriava o espaço e as fronteiras. A própria construção de fronteiras revela-se como uma prática de identidade, elemento fundamental na representação desse território tão amplo e afeito ao perigo da descentralização física e política, experimentada pelas demais nações latino-americanas vizinhas. O ritual ajuda a inscrever, portanto, uma cartografia oficial, a formalizar um território que até então mal passava do papel. Não é um detalhe qualquer o jovem Imperador passar a viajar pelo país e para fora dele logo após a coroação: realizada a centralização política, era necessário garantir a unidade do Império e de suas fronteiras extremas.

## O cenário: o teatro da política

Com tanta prosa, quase perdemos a procissão. E nela nada pode falhar: todos a postos, iluminação suntuosa, bandeiras ao vento, ramos verdes espalhados pelas ruas, colchas nas janelas e muita música. A Corte é uma espécie de centro difusor de modas e de modelos e, nesse caso, a encenação tem um papel quase estratégico. Para tanto, a dimensão do teatro deve ser grande e não é à toa que na ocasião tenha sido desenhado um grandioso cenário.

Os cofres públicos sofreriam, decerto, um grande desfalque, mas a demonstração pública parecia estar acima dos interesses materiais. Obras foram realizadas de janeiro a julho, e apenas a construção da *Varanda* — local de onde, em momento especial, o monarca acenaria para a multidão — custou o orçamento público de um mês: madeiras, tecidos, vidros, tintas, ferragens, carpinteiros, pintores, fogueteiros, costureiras, artistas consagrados e aprendizes. O projeto e a execução foram elaborados e dirigidos pelo arquiteto e pintor Manoel de Araújo Porto Alegre, que recebeu uma gratificação mensal de 250$000. Além disso, ele próprio pintou as mais relevantes obras para a decoração e orientou os trabalhos de um grupo de discípulos. Lustres de cristal, arandelas, globos, alâmpadas e revérberos, dúzias e dúzias de copos de vidro de cores diferentes, assoalho de madeira especial, ouro e prata para dourar e pratear, torneações, inscrições, talhas, bordados, franjas, cordões, papel para forro de paredes, metais dourados, veludos, damascos e sedarias, franjões e galões de ouro, telas de ouro e de prata, tapeçarias, lustres e outras obras de cristal... eis uma lista que revela a riqueza do aparato e seu custo, testemunhado pelo documento de prestação de contas e da descrição da famosa Varanda.

A tão comentada Varanda era, na verdade, um edifício provisório especialmente construído no Largo do Paço para a ocasião. De amplas proporções, tomava toda a extensão que separava o Paço da Capela Imperial e dividia-se em três partes principais: um templo e dois pavilhões com as respectivas galerias que os comunicavam. No entanto, como nem todos podiam adentrar o recinto, nada como descrever, em detalhes, a decoração local e seus artifícios simbólicos. Alegorias foram criadas com o propósito de representar os anseios da elite política do país e o perfil que o jovem Pedro deveria simbolizar frente à nação e, paralelamente, aos súditos do Império: ali estava um amplo quadro idealizado da imagem do novo reinado. Pode-se começar pela própria designação "templo", atribuída à parte central do edifício onde se instalaria d. Pedro II depois de coroado, que remetia ao sentido de culto religioso e de exposição divina. Num plano mais físico, a denominação escolhida para os pavilhões laterais: Amazonas e Prata, em homenagem aos gigantescos rios, demarcadores de fronteiras e imensos como o Império, e que eram representados por duas estátuas colossais. O Amazonas sentado e recostado sobre um jacaré, tendo na mão direita uma cornucópia cheia de frutos do Brasil, e o Prata com iguais atributos.

Dois grandes leões — símbolos da força e do poder — posicionam-se ao pé da escadaria que, do Pavilhão Prata, desce à Capela Imperial. No ático dos pavilhões, bigas e carros de triunfo. No templo lateral, sobressaem quatro cavalos puxando um carro triunfal que acomoda o "gênio do Brasil", que por sua vez sustenta o cetro imperial e é coroado de louros. A escada imperial, que descia do templo à praça, terminava com as estátuas da Justiça e da Sabedoria e a inscrição *Deus protege o Imperador e o Brasil.*

No templo central, e bem nas alturas, a sala do trono, onde se destacavam o próprio trono imperial e o teto, cujo quadro central representava o Imperador d. Pedro I, reservando a seus dois filhos as coroas de Portugal e do Brasil e sendo ele, ao mesmo tempo, coroado pelo Brasil e Portugal por uma auréola de estrelas, símbolo da imortalidade. Como se vê, na lógica do ritual era como se o primeiro monarca brasileiro não tivesse sido obrigado a abdicar; ao contrário é sempre a harmonia e a confraternização que parecem dar o tom oficial da festa. E o cenário continua. Do lado do Brasil, um padrão de ouro com a esfera de suas armas; aos pés de Portugal, reverdecem os louros de sua antiga glória, tudo rodeado por estrelas que simbolizam as províncias do Império, e ainda os signos do zodíaco que regem as datas de nascimento e da elevação ao trono do novo imperador (Sagitário e Câncer), sobre um fundo azul. Para fortalecer bem a imagem do predestinado soberano, grandes medalhões representam Carlos Magno, Francisco II, Napoleão e Pedro o Grande. E, claro, armas de Portugal e da Áustria, raízes da Casa Imperial brasileira. No arco que cobre o trono, os perfis de d. Pedro I e de d. João VI. Mais ao fundo do mesmo arco, um gênio conduzido por uma águia — símbolo da realeza —, descendo com um ramo de palma em uma mão e uma coroa na outra, olha em direção ao monarca.

Por fim, na mesma sala do trono, uma grande e apoteótica tela representando os destinos históricos do país: diante do novo monarca investido do exercício de seus direitos constitucionais, os vícios, as calamidades e os crimes que dilaceravam o Império, durante a menoridade, fogem espavoridos para o inferno. Alguns sucumbem logo, notando-se que a vaidade é a que tem mais força e será a última a ceder lugar à sabedoria e à virtude do novo regime. Enquanto os vícios se retiram, as ciências, as artes e as virtudes cívicas vêm tomar o seu lugar, e trabalham, ao abrigo do trono, para a prosperidade do Império e do monarca.

Para aquele que acha que viu tudo, um pouco de paciência porque ainda há mais. Pelas galerias e pavilhões, homenagens e feitos históricos bem selecionados: entre eles o Fico e a Independência de 1822. Ilustres da pátria têm, também, seus nomes gravados em peças sustentadas por colunas, não podendo faltar alguns índios, romanticamente idealizados: Caramuru, Araribóia, Tibiriçá, grandes heróis e mártires desse novo Império. Recortando o tempo e os acontecimentos, cujo sujeito é representado pela monarquia, são fortalecidos os pressupostos de uma história que se torna cada vez mais oficial.

Como se vê, a mobilização e os gastos para a realização da cerimônia pareciam não ter limites. O aparato, rigorosamente planejado, e as despesas, que não eram poucas, corriam por conta dos cofres públicos. Na rua, nas sacadas, onde fosse, o programa era assistir ao espetáculo da maneira mais apropriada e contando com o melhor dos ângulos. Se a população como um todo era convidada a participar da procissão, locais especiais são motivo de disputa e de exibição por parte da elite. É por isso mesmo que dispor-se em sacadas, janelas ou qualquer local de maior visibilidade era, também, privilégio de poucos. Com seu convite-cartão nas mãos e apresentando o timbre do Império é que a condessa de Valença pode assistir à cerimônia de "uma das janelas do Paço da Cidade, no dia 17 de Julho ao meio dia". Cenário armado, personagens todos em seu lugar... é hora de dar passagem àquele que é dono da cena.

## Que venha o rei com seus rituais: a sagração e a coroação

Acalmem-se aqueles que têm pressa: a melhor parte da procissão está para começar nas proximidades do Paço da Boa Vista. Já chegamos perto das 10 horas da manhã do dia 17, e muitas senhoras que dormiram sentadas, só para não deixar o penteado de um metro ou mais desmontar, preparam-se para o grande momento: o centro das atenções é o próprio Imperador, tal qual o ator principal de um grande espetáculo. Mantido, até então, recluso no Paço de São Cristovão — ou Quinta da Boa Vista —, d. Pedro, com 15 anos feitos, preparava-se para simbolizar, com sua pessoa, um império de proporções continentais, cercado de repúblicas por todos os lados. Além do mais, andando na contracorrente das demais nações latino-americanas, no Brasil a emancipação política de 1822 colocara à sua frente um imperador de origem portuguesa, tentando evitar, mais uma vez, o perigo do desmembramento com a emissão alargada da figura de um novo monarca: ícone certeiro de um Estado que transpunha para o ritual o local da afirmação do poder. Era o poder simbólico do rei que era apresentado, com o intuito, mais evidente, de impedir a descentralização — que parecia iminente durante as Regências, em função dos projetos de cunho mais republicano e das rebeliões que estouravam em diferentes pontos do território.

Voltemos, assim, às *Determinações* que recobriam a figura de d. Pedro, que se preparava para ser o segundo imperador do Brasil. Afinal, era nessas ocasiões que os monarcas "conviviam" com sua população, longe do cenário isolado e protegido da corte. Nesses momentos, o rei "mostrava-se" na sua presença, no seu vestuário, nas suas cores heráldicas (que, nesse caso, lembram as casas de Habsburgo e Bragança), nas suas bandeiras, nos gestos cuidadosamente mais expansivos, no cenário da liturgia, na boa ordem das carruagens. Essa era a oportunidade do nosso Imperador dar-se em espetáculo e lá estar para ser visto, já que todos os elementos dispostos só evidenciam a sua presença e passagem:

> Uma girândola anunciará a entrada do coche de Sua Majestade o Imperador no Rocio da Cidade Nova, para que salvem as fortalezas e embarcações de Guerra. O cortejo seguirá pela rua de S. Pedro e rua Direita com direção ao Paço da Cidade. Sua Majestade Imperial, acompanhado de Suas Augustas Irmãs e das pessoas que vierem em coches da Casa Imperial, se apeará na Capela Imperial, onde será recebido pelo reverendo bispo capelão-mor, entoando-se o verso — *Salvum fac Imperatorem* — e depois, prosseguirá para o Paço, onde as outras pessoas devem estar, ocupando as salas que competem a cada uma.

O monarca e suas irmãs — que a essa altura eram conhecidos apenas por meio de litogravuras, folhinhas e outras imagens oficiais que veiculavam seus retratos — preparavam-se para serem expostos em público: era como se estivessem presentes, e de uma só vez, os "dois corpos do rei". Com efeito, retomava-se uma operação, mais conhecida na França e sobretudo na Inglaterra de meados do século XVI, que demonstrava e reiterava há séculos as duas capacidades dos reis: de um lado, uma vítima das paixões e da morte, como os demais mortais; de outro, um corpo político, cabeça do governo, não afeito a paixão alguma e antes sacralizado em sua memória e atuação. O "corpo duplo do rei", na boa expressão do historiador Ernest Kantorowicz, associava, portanto, e de maneira excepcional, o elemento transitório e humano ao corpo místico: perene e fundamento inatingível do reino.

Lado a lado (e bem à nossa frente) o homem mortal e o rei divino, sujeitos dos rituais de consagração, entre coroações, funerais, procissões e outras cerimônias da corte. Dessa maneira, respaldada na teologia jurídica medieval, a imagem do rei vai se separando aos poucos da Igreja em seu movimento de secularização, incorporando, porém, os atributos de um corpo místico. Estamos diante, portanto, de um ritual que, ao invés de estar amparado apenas na lógica e no contexto mais imediato, multiplica a imagem do imperador e impõe sua representação, que lhe garante a soberania secular e religiosa. Tal qual um corpo imaginário, o rei "não morre jamais" e reincorpora, com sua presença, o corpo místico dos antepassados e de modelos idealizados.

É por isso mesmo que investiu-se tanto no ritual que cercava a coroação do novo imperador brasileiro. O ritual não podia falhar e sua lógica era dada pelo detalhe e pela exibição do detalhe, que lembrava velhas e novas estruturas: tantas coroas de tantos reis longínquos, assim como o novo soberano que estava pronto para ser empossado. Não deve ter sido tarefa fácil o reconhecimento da Independência nacional, nem para dentro e muito menos para fora das fronteiras do Império. No plano internacional, parecia complicada a aceitação de uma monarquia nas Américas, já que os poucos exemplos existentes — como Dessalines no Haiti — não passaram de experiências passageiras, de caráter tribal ou mesmo artificial, quando não trágico. Nesse sentido, se por um lado os primeiros impasses foram resolvidos com o reconhecimento oficial por parte dos Estados Unidos, um ano após a Independência, e, logo na seqüência, por Portugal, por outro, mesmo internamente, a centralização não parecia imediata. Sobretudo se pensarmos que o verdadeiro processo de emancipação começava em 1831, com a abdicação de d. Pedro I e com o exercício republicano que se iniciava no período das Regências. É por isso mesmo que a maioridade e o ritual de coroamento e de sagração de d. Pedro II deviam ser cercados de requintes e cuidados próprios aos negócios estratégicos de Estado. A celebração era tão grandiosa que deveria superar o exemplo Bragança e aproximar-se dos padrões dos Habsburgo, que em termos de monarquia ditavam normas nesse momento.

O próprio modelo régio é, porém, um projeto que apresenta diferentes configurações, dependendo das particularidades socioculturais do país em que se estabelece. Em Portugal, desde a fundação do Estado, e sobretudo devido à Guerra de Reconquista, uma forte tradição centralista se impõe, reafir-

Desenho de *Príncipe perfeito. Manual pedagógico destinado à educação do príncipe.* Escrito por Francisco Antônio Novais Campos, em 1790.

mada pelo direito visigótico, pelo direito canônico e pela influência cristã medieval, cujos modelos jurídicos discutem o poder eclesiástico, mas não impõem limites, a não ser morais.

No entanto, diferente de outras tradições, no caso de Portugal o rei não era ungido. A instituição régia é considerada sagrada, mas a vulnerabilidade da pessoa do monarca não o transforma em milagroso, ou em taumaturgo, mesmo porque não foram encontrados documentos que falassem do poder de cura dos reis portugueses ou de cerimônias rituais nas quais o poder de toque das mãos reais tivesse levado à salvação. Também não se canonizaram figuras reais ou as transformaram em fontes de relíquias; ao contrário, mesmo nesse contexto, em que tal atitude faria parte de uma política de prestígio, verificou-se em Portugal uma postura mais frouxa em relação a esses adornos e símbolos que rodeiam as monarquias tradicionais.

Por outro lado, o componente mais civilista do poder real é destacado em Portugal, particularmente na figura jurídica da aclamação: o rei de Portugal não é coroado nem ungido, é "alevantado e aclamado", conforme o modelo medieval. Não se pode esquecer, porém, que no imaginário da época, e mesmo em Portugal, a estrutura moral do Universo respondia a um perfil monárquico: o paraíso é uma corte onde Deus ocupa o trono. Assim, a identificação entre as duas cortes — a celeste e a terrestre — a nível dos direitos, prerrogativas e privilégios fez com que também o rei lusitano fosse identificado ao divino.

Essas considerações lançam nova luz ao evento que vamos testemunhar. O monarca brasileiro não apenas seria coroado e aclamado, mas ungido e sagrado, distanciando-se assim o ritual tropical da tradição portuguesa e aproximando-se dos modelos pautados em histórias ainda mais tardias. Com efeito, não se acreditava mais que os reis portugueses tivessem sido sagrados ou ungidos com os óleos santos. Além disso, os termos em que a Cúria Romana colocou a questão, já em 1428 e em 1436, permitem admitir que os reis de Portugal houvessem abandonado a prática da coroação, apesar do prestígio que a cerimônia, sem dúvida, trazia. Pareciam estar em questão, naquele momento, a própria obediência excessiva que se devia à Santa Sé e a necessidade de encontrar espaços de autonomia civil. Nesse sentido, mais valia renunciar ao ritual do que se sujeitar às ambigüidades que revestiam a soberania do monarca, dentro de seu próprio reino e diante do poder eclesiástico.

De toda maneira, os problemas vivenciados pela monarquia brasileira, nesse exato momento, são de outra ordem. Diante desse grande espetáculo, que anuncia a maioridade apressada do Imperador, distanciamo-nos dos impasses da realeza portuguesa. Nesse caso — cercadas por todos esses mistérios dos negócios de Estado —, as *Determinações* regulavam muito além do desfile, encobrindo a afirmação da própria monarquia, que se expressava de maneira ritual e simbólica com sua mera passagem: passado e presente encontrariam uma mesma temporalidade ao se expressarem na festa.

## Corte e etiqueta: imagens diletas

Não era, porém, apenas o cortejo que excitava a curiosidade da população local. Faltavam ainda alguns coadjuvantes desse grande teatro da política imperial. No Programa n.2, estabelecia-se que no dia 18 de julho, às

9 horas da manhã, estaria formada a tropa no largo do Paço da Cidade, que seguiria às 10 horas para a Capela Imperial pelas salas do Paço. Por sua vez, ficava regulamentado o préstito que devia acompanhar Sua Majestade o Imperador para o ato solene de sua sagração, formado da seguinte maneira:

1. O rei d'armas, arauto e passavante. Um ajudante de mestre de cerimônias.
2. Os juízes de paz da cidade em exercício, que quiserem ter esta honra.
3. Os oficiais da Casa Imperial, que não tiverem lugar, ou exercício determinado no Ato, entrando nesta classe os guarda-roupas, os médicos da imperial câmara e os oficiais maiores das secretarias de Estado.
4. A Câmara Municipal e um ajudante de mestre de cerimônias.
5. Os membros dos Tribunais da Corte e as pessoas que tiverem o título do Conselho. Um ajudante de mestre de cerimônias.
6. Os porteiros da cana e da massa, em alas, e seu apontador.
7. Os moços e o porteiro da imperial câmara, o tenente da guarda dos arqueiros, o guarda-roupa de semana e os oficiais da Casa em serviço.
8. Os grandes do Império, gentis-homens e veadores.

Mais uma vez uma grande coreografia era montada e, junto com a família imperial, era a própria corte que ganhava, aos poucos, as ruas e desenhava — com suas cores, roupas e adereços — uma conformação política dificilmente percebida de outra maneira por essa sociedade majoritariamente analfabeta e que entendia melhor o espetáculo visual do que o texto escrito. Entre tantos duques, marqueses, condes, viscondes, barões com e sem grandeza, muitos deles contando com denominações tupis — em mais uma homenagem à terra —, não podia ficar invisível a hierarquia que era dada pela posição por intermédio da economia de gestos e dos símbolos espalhados por toda parte.

Foi ainda nos tempos de d. João VI que a colônia americana tomou um "banho de civilização" e conheceu suas primeiras instituições culturais: o Museu Real, a Imprensa Régia, o Real Horto, a Biblioteca Nacional. Mas o monarca português traria mais. Transplantaria para o país todo o ritual da Casa dos Bragança, que incluía uma agenda de festas, cortejos, uniformes e titulações.

Data dessa época, também, o estabelecimento de uma heráldica brasileira, cujo marco inaugural, 8 de maio de 1810, foi a criação da Corporação de Armas, vinculada à Casa Imperial. O processo de titulação, que se iniciava a partir de então, seguiria o modelo lusitano tradicional, com a inovação do

Modelos de coroas que compõem os brasões
da nobreza brasileira.

transplante: o rei de armas, além de trazer no seu nome "de Portugal e Algarves", acrescentava agora "América, Ásia e África".

E, assim como o reino crescia, aumentava sua corte. Durante o período em que permaneceu na Colônia (de 1808 a 1820), d. João teria tempo de nomear alguns titulares — mais exatamente 254, entre 11 duques, 38 marqueses, 64 condes, 91 viscondes e 31 barões —, além de garantir a nobreza àqueles que já a traziam consigo, desde Portugal. Esse era o início de uma corte "migrada e recriada", que, no reino da América, introduzia costumes de uma Europa mais tradicional. Tal qual uma cruzada de nobilitação, d. João pagaria pelos favores com títulos e honras, ao passo que a elite dirigente carioca tratava de ganhar a proximidade do rei.

Com o retorno de d. João a Portugal, em 1821, e já no primeiro reinado, em meio aos acirrados debates em torno do projeto de 1823 e da Constituição de 1824, um item passava quase desapercebido frente aos temas mais polêmicos que tanta contenda geravam. Tratava-se do artigo 102, item 11 da Constituição política do Império. Nele garantia-se na letra da lei o que fora dado costumeiramente; ou seja, entre as competências do imperador, como chefe do executivo, ficava reservado o direito "de conceder títulos, honras, ordens militares e distinções em recompensa dos serviços feitos ao Estado, dependendo as mercês pecuniárias da aprovação da Assembléia, quando não estivessem já designadas e taxadas pela lei".

Além disso, como parte das atribuições do polêmico "poder moderador" — espécie de quarto poder de exclusiva competência do imperador —, no artigo 142, item 7, constava que cabia ao monarca "conceder remunerações, honras e distinções, em recompensa de serviços, na conformidade da lei e procedendo a aprovação da assembléia geral". Formalizava-se, dessa maneira, o nascimento de uma nobreza que surgia umbilicalmente vinculada ao monarca, guardando-se, no entanto, algumas originalidades. Ao invés de seguir literalmente o modelo europeu da época, que recompensava os bons serviços com títulos não só vitalícios como hereditários, no Brasil os nobres "nasciam e permaneciam jovens". A hereditariedade só era garantida para o sangue real, enquanto a titularidade se resumia ao seu legítimo proprietário.

O caráter inédito da nobreza brasileira não estaria apenas vinculado a esse item. Gravava-se nos brasões a especificidade das cores, representações e motivos da corte brasileira. Nas mãos do primeiro monarca a nobreza cresceria muito, não mais porque seu reino seria breve. É assim que de 1822 a 1830, d. Pedro I faria 119 nobres, dentre os quais dois duques, 27 marqueses, oito condes, 38 viscondes com grandeza e quatro sem grandeza, 20 barões sendo 10 com grandeza e 10 sem.

Seria, no entanto, o segundo monarca quem enraizaria, de forma mais evidente, essa corte tropical. D. Pedro II reinou tendo a seu lado um segmento social que se diferenciou dos demais pela ostentação de um título de nobreza e pelo uso de um brasão: símbolos de distinção e de prestígio que custavam caro a seu titular. No momento de nossa procissão o soberano é só um menino, mas, influenciado por seus conselheiros, faria uma série de novos titulares, afinados com as diretrizes políticas do Império.

Os novos tempos só confirmariam o crescimento dessa corte. Durante todo o Império o total de atos concedidos chegaria a 1.439 — mesmo porque um só titular poderia receber mais de um título —, número esse que correspondia a uma nobreza meritória, bastante diversa da nobreza de nascimento, das cortes européias modernas. Assim, se muitas vezes eram momentos especiais que levavam à concessão de títulos — como: "aniversário de S.M. Imperial", "dia da sagração e coroação de S.M.I.", "por motivo do casamento, do batizado ou de aniversários oficiais" —, em vários casos era o desempenho que recomendava o recebimento da honra. Assim, dentre os motivos elencados destacam-se: "serviços prestados", "provas de patriotismo", "por fidelidade e adesão a S.M.I.", só para ficarmos com alguns poucos exemplos. Dessa maneira, era também a partir da distribuição generosa desses títulos e brasões que o Império demarcava seu grupo e isolava os demais.

Brasão do Barão de Antonina – João da Silva Machado: "A civilização domina a barbárie".

Oficialmente, os titulares formavam o nível mais alto da nobreza imperial, mas, na prática, eram uma elite selecionada, sem privilégios ou pressupostos de bens materiais ou de vínculos terra. Comerciantes, professores, médicos, militares, políticos, fazendeiros, advogados, funcionários representavam e se faziam representar, por meio de seus brasões, como os melhores em seu ramo. Sem a hereditariedade que garantia a perpetuação, era preciso provar, no ato, a importância de sua conquista. A nobreza titulada no Brasil permanecia, portanto, tão recente como a nação, tão jovem como seus monarcas.

Entre os titulares brasileiros, outras hierarquias vingavam: se todos eram nobres, apenas alguns eram "grandes do Império". Esse privilégio, basicamente honorífico, era reconhecido a todos os duques, marqueses e condes, mas apenas aos viscondes e barões *com grandeza*. Era esse pequeno grupo de elite que, segundo o *Almanaque Laemmert*, ia à frente nos cortejos reais, ou acompanhava de perto Suas Altezas Imperiais e recebia o tratamento de "Excelência".

Além desses titulados e brasonados convivendo no cotidiano dos palácios imperiais, uma *entourage* selecionada ocupava cargos e cumpria funções, compartilhando assim tanto das formalidades quanto das intimidades do soberano, e obtendo por isso determinado status. Os conselheiros de Estado, fidalgos e oficiais das Casas real e imperial, formavam, junto com a nobreza titulada, esse grupo especial que durante o Segundo Reinado viveu, na América, uma nova versão da Corte — só incomodada pelo sol de 40 graus, mais próprio ao clima dos trópicos.

No Brasil, os termos se confundiam e dividiam. Na teoria, nobres eram aqueles que recebiam títulos por parte do imperador. Na prática, porém, a designação era mais elástica. A corte podia representar o grupo de pessoas mais chegadas ao rei, e ainda os titulados. Por outro lado, a corte era, também, "a Corte do Rio de Janeiro", tendo como referência o Paço de São Cristovão. É essa mesma "Corte" que funcionará como uma espécie de centro propulsor: a moda, as gírias, a política e a cultura de lá partiam. Nesse sentido, se pertencer à corte — à corte carioca — era um direito relativamente amplo, ser titular, nobre, era um privilégio de poucos. Mais uma vez a balança ficava nas mãos do monarca, aquele que veremos passar bem no centro da procissão.

O observador atento notará, ainda, como categorias perceptíveis diferenciam os homens desse mundo do resto da multidão. Não só nas habitações, mas todo o vestuário, as expressões e as cores organizavam de forma visível elementos que faziam parte de uma profunda concepção do mundo e de suas diferenças. Como afirma Norbert Elias, aquilo que designamos hoje em dia como luxo é na realidade uma necessidade de sociedades estruturadas. É assim que, nessa corte das marcas exteriores, cada detalhe converte-se em símbolo de status, cada forma é uma demonstração de hierarquia, enquanto elementos mínimos transformam-se em regras de prestígio. Nessas sociedades do "fetiche do prestígio", desenvolve-se uma sensibilidade estética que pode ser resumida na concepção da etiqueta: um conjunto de regras que ordenava formas de vestir, agir e se comportar. Esta etiqueta por sua vez, transforma-se em elemento fundamental para essa coletividade da demonstração exterior, cujo prestígio implicava possuir uma série de privilégios.

Era a etiqueta que garantia a maquinaria do cerimonial, o rigor do ritual, mas era também por meio de determinada leitura dela que se reconhecia a intrincada hierarquia desse mundo dos titulares e fidalgos da corte. Mas cada reino tem a nobreza que merece ou que lhe compete. Foi dessa forma que variaram as versões, assim como se incorporaram modelos diferentes vinculados às mais distintas tradições. No caso brasileiro, tratava-se de uma corte afastada no tempo e no espaço, cujo ritual introduziu o perfil da nobreza portuguesa, que já representava em si um exemplo pouco rigoroso. Aqui, além dos nomes indígenas, a nobreza imprimirá em seus brasões os elementos da terra: moscas, cana, café, enxadas e alguns símbolos de modernidade. No entanto, mais uma vez nos desviamos de nossa procissão. Com tantos nobres desfilando, e tanta "civilização" passando pelos trópicos, quase perdemos o sentido meio carnavalesco do cortejo: a forma expressiva da procissão e a sucessão de gentes e cores.

## As insígnias imperiais: testemunhos da existência da monarquia

Enquanto o cortejo se desenvolve de forma carnavalesca, e seus figurantes passam com suas fantasias, nada como incluir na celebração as insígnias imperiais, que, na falta do rei, entravam momentaneamente em seu lugar.

E as insígnias vão surgindo, por entre alas formadas pelos grandes do Império — os gentis-homens e os veadores —, carregadas com pompa e ostentação pelos porta-insígnias, parecendo vir de não se sabe onde. Em primeiro lugar, o manto do fundador do Império: sua "vestidura real" é colocada num praticável, um estrado alto prontamente erguido para causar efeito. Não são poucas as descrições que falam dos trajes dos reis, sempre, e a um só tempo, sumários mas ricos em adjetivações. Se a veste do rei é semelhante à de outros nobres, é também superlativa — como deve ser a riqueza do mo-

narca e com ela a sua distinção. Nesse caso específico, o manto todo novo, feito de veludo verde com tarja bordada, semeado de estrelas de ouro, dragões e esferas, e forrado de cetim amarelo, lembra as cores e emblemas das casas de Habsburgo e Bragança. Além disso, a cor verde americano simbolizava o Novo Mundo, assim como a forma de poncho: uma referência às "vestimentas da terra".

Mas o manto não vinha só. Logo após surgia a espada imperial do Ipiranga, que havia pertencido a d. Pedro I e lembrava o momento da emancipação política. Era feita de prata e tinha nas lâminas as armas portuguesas, revelando a relação complexa que se estabelecia com a antiga Metrópole. Além disso, na bandeja em que era carregada de forma ostentativa, estava também a Constituição do Império, coberta com um fitão imperial da Ordem do Cruzeiro, que representava o céu do Brasil. A Constituição do Império continha nos ângulos

esferas armilares e foi escrita com uma caligrafia que se sabia exemplar, como o próprio documento. De fato, as gestualidades — plenas de significados — marcadas pelas *Disposições* dirigem a estética do espetáculo para atingir o emocio-

nal e o espiritual; fica-se entre o nível mais elevado e o mais terreno.

Em seguida despontava, nesse préstito, o globo imperial, insígnia indispensável na sagração dos imperadores. Seu significado mais geral lembra o poder universal, que pertencia exclusivamente aos reis. Mas nesse léxico simbólico, o globo, tal qual as esferas reais, simboliza mais. Representa também a totalidade, a experiência do vivido, por oposição aos valores fúteis, desenhados nos balões transparentes. Além disso, como forma física significa a perfeição e a sabedoria. Enfim, entre tantas interpretações, não é por acaso que o globo imperial tenha ganhado lugar de destaque nesse cortejo de ícones e representações. No caso dessa procissão em particular, o globo era composto por uma esfera armilar de prata, tendo na eclíptica 19 estrelas de ouro, cortadas pela cruz da Ordem de Cristo: símbolo de origem européia, porém adornado pelo céu do Brasil.

E lá vinha o anel, que será usado no dedo anular da mão direita do Imperador, todo incrustado de brilhantes, os quais representavam no centro dois leões presos entre si pela cauda. E, ainda, luvas cândidas, feitas com seda e bordadas com as armas do Império. É assim que os objetos deixam de ser simples objetos e transformam-se em mensagens e

1. Representação oficial do monarca que circulou em jornais nacionais e estrangeiros.

2. D. Pedro II em imagem mais realista, que revela a feição de menino, a desproporção do manto e a altura elevada do cetro.

3. Manuel de Araújo Porto Alegre, artista oficial da corte, retrata o ato solene da coroação do Imperador d. Pedro II em 1843.

4. Ato de coroação do Imperador d. Pedro II, que mais lembra rituais europeus. Óleo de François René Moreaux, 1842.

5. Moeda comemorativa da sagração: indígena coroa d. Pedro e pisa no dragão. Nesse universo de cosmologias cruzadas, a coroa representa a civilização e o animal a barbárie.

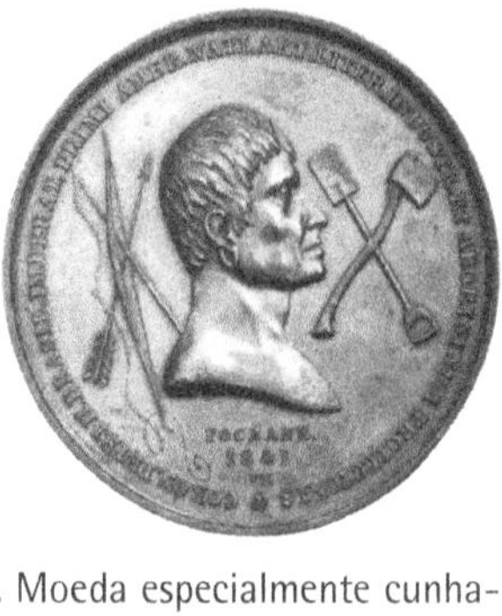

6. Moeda especialmente cunhada para a sagração. Nesse caso, o indígena representa o trabalho e teria sido convidado para o evento da coroação.

7. Estátua comemorativa da sagração: a proporção elevada representa a magnanimidade do ato.

8. Trono de d. Pedro II. Nas talhas douradas e no forro de veludo verde são lembradas alegoricamente as cores imperiais.

9. D. Pedro pouco antes da maioridade, adornado pelos símbolos tropicais de seu futuro reino.

10. Carruagem de gala que seria ultilizada por d. Pedro II, caso o esburacado das ruas tivesse permitido.

11. O rigor e o aparato do ritual são estampados nessa imagem, que circulou em jornais nacionais e estrangeiros.

12. D. Pedro II na época da maioridade, tendo a paisagem da Corte tropical ao fundo. Gravura aquarelada, Hendrickx, 1841.

13. D. Pedro ladeado por suas irmãs, d. Francisca e d. Januária, 1840.

14. Esboço para a famosa *Varanda*, de onde o imperador saudaria seus súditos. Manuel de Araújo Porto Alegre, 1841.

15. Banda de músicos escravos. Castelo do tipo medieval bem no meio do Vale do Paraíba.

16. "Festa do Divino", modelo para pensar reinos tão diversos: o sacro e o terreno. Aquarela sobre papel, séc. XIX.

17. "Vestimentas de escravos pedintes na festa do Rosário": no ritual, a mistura de traços africanos e indígenas. Aquarela de Carlos Julião, séc. XVIII.

18. Natureza morta com estatueta de d. Pedro II: o ícone sob qualquer pretexto. Óleo sobre tela de José dos Reis Carvalho, 1844.

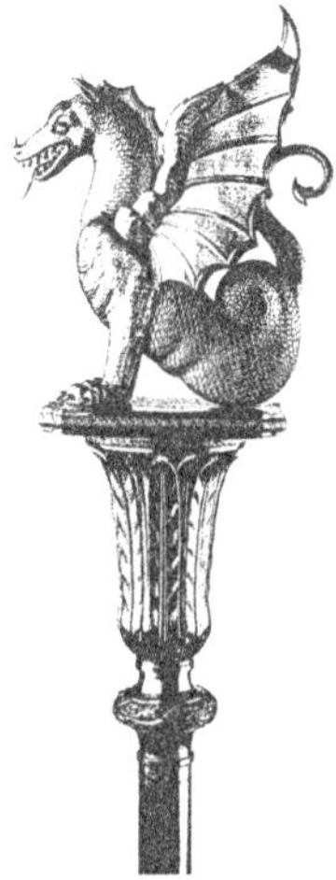

símbolos de nacionalidade que deveriam comover e unificar a população presente ao ato, o qual não parava por aí. Em diálogo, sempre o passado (nomeado pela tradição) e o presente (que inventava a maioridade política de d. Pedro).

Lugar especial ganhava agora o cetro, que, aparecendo logo a seguir na procissão, representava o prolongamento do braço do rei, a administração da justiça terrena. Esse é o atributo régio por excelência e o rei o traz à mão, sempre antes de iniciar o ritual. Nesse caso ele vinha apenas exposto, para deleite da corte, que o reconhecia pelo brilho, por sua composição e tamanho: feito de ouro maciço, media 1 metro e 76 centímetros. No alto, dois olhos realizados com brilhantes destacavam-se na imagem da Serpe, símbolo dos Bragança que falava de sua força e coragem. Continuidade e ruptura são expostas no mesmo desfile: a insígnia é portuguesa, mas a prática reafirma o nascimento de uma nova monarquia, dessa feita brasileira.

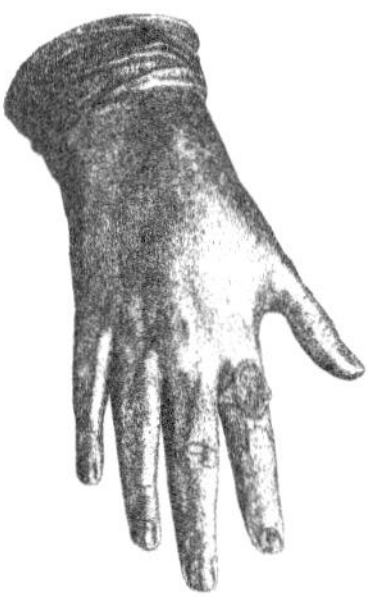

E eis que surge erguida em um pedestal a "mão da Justiça" — símbolo da Justiça divina e real —, obra do artista Marc Ferrez, toda em gesso revestido de dourado e tendo como base a própria

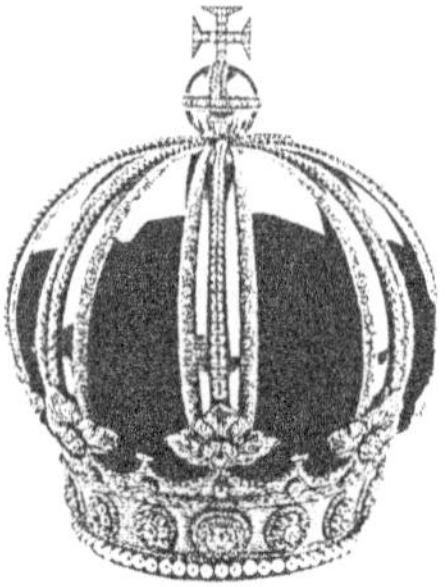

mão direita do jovem monarca. Junto com ela tomava lugar a espada do Imperador, que apresentava uma cruz teutônica, enriquecida de grossos brilhantes; no punho lia-se "d. Pedro II", referendando a nova soberania.

Como se pode notar, símbolos não faltam e é por isso que a coroa aparece no final, já que é normalmente compreendida como a mais representativa insígnia da dignidade régia. Na verdade, como um símbolo consagrado da realeza, a coroa foi objeto das maiores fantasias. Significava, mais exatamente, o caráter sagrado e sobrenatural do poder de quem a ostentava e, assim como o cetro é "atributo", a coroa, na falta de coroamento, é antes um símbolo por excelência. Feita especialmente para a ocasião, tinha por base uma cinta de ouro e era fechada por oito cintas imperiais do mesmo metal. No remate havia uma esfera de ouro sustentando uma cruz. A altura de 16 polegadas tornava-a um pouco pesada para o pequeno imperador, que mostraria certa dificuldade ao tentar equilibrá-la. A base da coroa era ornada com pérolas e brilhantes, parte dos quais foram retirados da antiga coroa de d. Pedro I, dizia-se, em razão da pressa e da falta de dinheiro. Tudo "novo", assim como deveria ser inaugural o Segundo Reinado.

Logo atrás das insígnias vinham os homens. Em primeiro lugar, os ministros e secretários de Estado e logo em seguida (e nunca atrás) Sua Majestade o Imperador, com manto de cavaleiro grão-mestre da Ordem Imperial do Cruzeiro, tendo ao lado direito o condestável, ao esquerdo o mordomo-mor, adiante para o lado esquerdo o alferes-mor com o estandarte enrolado, imediatamente atrás o camareiro-mor, à direita deste o gentil-homem da semana e à esquerda o capitão da guarda. Toda a cúpula do Império estava ali reunida, reforçando, com sua própria visibilidade, a organização do poder, que, ao mesmo tempo que produzia o evento, se transformava em um produto bem acabado do ritual.

## Igreja e beija-mão: submissão terrena e sacralizada

E o espetáculo continua. O Programa n.3 estabelece o calendário dos dias subseqüentes: o dia para receber as felicitações, a noite das iluminações, a visita ao Teatro S. Pedro de Alcântara, o baile e o banquete. E ainda as *Disposições gerais*, na insistência em que nada falhe.

Afinal, o momento seguinte está reservado para a cerimônia religiosa, quando o Estado e a Igreja — unidos pela instituição do Padroado — irão formalizar a maioridade do soberano e atestar sua soberania. É por isso que logo no começo do dia aparece no passadiço o porta-insígnia, que leva o manto do fundador do Império, enquanto o comandante superior da guarda nacional manda apresentar armas e abater bandeiras, tocando-se o Hino da Independência, até que o monarca tivesse entrado na capela. Desfilavam assim novos símbolos do Império, que deveriam fazer sensação; dentre eles a bandeira, que reforçava as cores dos Habsburgo e dos Bragança, e o próprio hino que havia se imposto, mais por convenção do que pela oficialidade. Isto é, a cada ocasião oficial que se apresentava, a mesma melodia, tantas vezes lembrada, voltava a ser executada. E, assim, essa peça melódica cada vez mais patriótica — que alguns diziam ter sido composta pelo próprio Imperador d. Pedro I — impunha-se pela lógica do "deixa estar", como vão ficando e se enraizando os símbolos mais populares. O fato é que esses dois elementos, expostos diante da multidão em momento apoteótico do espetáculo, representavam o Império como uma entidade coletiva, interpretada a partir da emoção do momento.

Hora de deixar um pouco a procissão, pois o caminho vai sendo cumprido de forma lenta e o ritual é massacrante nos detalhes. Nosso pobre Imperador, um pouco assustado com seu manto um tanto longo (já que fora confeccionado para seu pai), adentra o Pavilhão do Amazonas com um pálio sustentado por oito moços da câmara, que, por sua vez, o entregam a oito grandes do Império, para acompanharem-no até a entrada da capela-mor: oito — comenta-se — é número da sorte, oito é referência da longevidade.

Ali os porta-insígnias as depositam sobre credência e ficam junto a ela. Ao lado de cada porta-insígnia seguem dois moços-fidalgos, os quais postam-se em alas entre o cabido e os membros da Assembléia Geral Legislativa. O pálio, depois da entrada do soberano na capela-mor, é outra vez sustentado pelos moços da câmara, para ser de novo entregue aos grandes, que acompanham d. Pedro II terminada a cerimônia da sagração.

Como se vê, o ato religioso na Capela Imperial estava longe de ser concluído, mas já ficavam estabelecidas todas as suas partes. O importante era saber como se regressava em boa ordem (os políticos, os membros de escolas, academias, corporações científicas, religiosas e militares, os membros do Tribunal da Corte e da Assembléia Geral Legislativa, a corte e, finalmente, os porta-insígnias) e de que maneira, findo o ato, abria-se lugar para a instalação da ordem e do "bom cotidiano", simbolizado na própria suntuosidade cadenciada do evento. Além disso, e finalmente, o metropolitano acompanharia o monarca ao trono e o ministro da

Justiça lhe ofereceria a "mão da Justiça": momento que selava e garantia a autoridade de d. Pedro II. Nesse ínterim, o comandante superior da guarda nacional mandaria tirar barretinas, e assim se conservaria a tropa até que Sua Majestade o Imperador voltasse ao trono, depois de dadas os vivas regimentais.

É então que o condestável coloca-se no último degrau do trono à direita, o alferes-mor no último à esquerda, o porta-insígnia da mão da Justiça no mesmo degrau, atrás do alferes-mor, e o porta-insígnia do globo atrás do condestável; de maneira que todos fossem vistos da praça. É isso que importa: todos que lá estão desempenham a arte do ver e ser vistos, que faz com que a aparição confira lugar e significado. A ordem do ritual traça um paralelo com a ordem do regime; tudo em seu lugar.

O grande momento se aproxima e o tempo, como por descuido, interrompe seu curso para celebrar o ato especial: o Imperador é entronizado e todos se curvam diante do espetáculo. Fim do breve intervalo: o cabido, fazendo uma profunda reverência, entoa *Per multos annos* e, enquanto a música ressoa em todo lugar, retira-se pelo Pavilhão do Prata. O monarca, por sua vez, de coroa, cetro e portando a mão da Justiça, desce do trono para apresentar-se ao povo, levando à direita o condestável, o ministro do Império com a Constituição na mão, o ministro dos Negócios Estrangeiros e o mordomo-mor; e à esquerda o alferes-mor, o ministro da Justiça, o ministro da Fazenda e o ministro da Guerra, guardada a ordem em que vão aqui mencionados. A guerra, a economia, a justiça e os negócios estrangeiros, o imperador e seu mordomo, todos expostos ao público, nessa encenação perfeita do poder e de seu funcionamento.

Nada parece acidental nesse teatro da política: gestos estudados, emoções exaltadas ou reprimidas, símbolos em exposição e disponíveis ao olhar. Mas antes de Sua Majestade apresentar-se ao povo o alferes-mor avança à frente e desenrola o estandarte, dizendo em alta e boa voz: *Estai attentos — Está Sagrado o Muito Alto, e Muito Poderoso Principe o Senhor D. Pedro II, por Graça de Deus e Unanime Acclamação dos Povos, Imperador Constitucional e Defensor Perpétuo do Brasil. — Viva o Imperador!*

Retrato oficial de d. Pedro II por ocasião de sua coroação.

A aclamação pode ter soado um tanto estranha, mas sinalizava para práticas vigentes. Aí estariam expostas e anunciadas as contradições de um sistema pretensamente parlamentarista, mas onde a decisão última cabia ao chefe de Estado, que em várias oportunidades as tomará de forma ostensiva. Era a "vontade imperial" que se consolidava no velho princípio da filiação ou da unção real, que lhe garantia um "duplo corpo". Dessa maneira, mesmo antes de ser formalizada a coroação, já dispunha o soberano de uma espécie de poder sagrado, sobranceiro às razões humanas e que, por si só, justificava suas decisões pessoais. Não é para menos que, na Carta Outorgada de 1824, o chefe supremo da nação era solenemente declarado imperador "pela graça de Deus e unânime aclamação dos povos". No dualismo dessa fórmula, inscrita na página inicial da Constituição, estabelecia-se a própria ambigüidade do exercício político do monarca. Nas palavras de Donoso Cortez, lente da Faculdade de Direito do Recife, o "imperador resume o Estado em sua pessoa, é a "Constituição encarnada".

Dessa maneira, afirmava-se ao mesmo tempo o princípio moderno da soberania popular e o da sanção divina. Na própria Carta constitucional ficam explícitas as controvérsias. Segundo o artigo 102, por exemplo, o Imperador "é o chefe do poder executivo e o exerce através dos seus ministros de Estado". Já o artigo 99 declara que "a pessoa do Imperador é inviolável e sagrada, não se sujeitando a responsabilidade nenhuma". Aí estaria resumida a singularidade do modelo imperial brasileiro: uma espécie de autoridade tutelar que se afirmava sob a égide do personalismo do Imperador — que surgia, ao menos nesse primeiro momento, como personificação do Estado.

No entanto, diante de tão grandioso espetáculo, poucos terão notado a peculiaridade e a ambigüidade da situação: um rei sagrado mas aclamado pelos povos, ou mesmo um pequeno monarca que simbolizava um imenso Estado. Mas ninguém tinha tempo a perder com mais esse detalhe, que quase passava desapercebido. Com certeza é o teatro da política que terá tomado nossa atenção, pois, enquanto isso, volteando o estandarte por três vezes, dão-se três vivas, que são imitados pelo general da força armada e pelo povo. Tornando depois ao seu lugar, o Imperador chega à frente e, dignando-se a corresponder às saudações, volta para o trono onde, dando a mão da Justiça ao ministro respectivo, recebe a continência da tropa, a qual desfila e vai ocupar suas posições. A mão da Justiça estava novamente em seu lugar, mesmo porque as insígnias aí se encontram para representar e adaptar tudo à sua posição.

Engana-se, porém, aquele que dá tudo por encerrado. O ministro do Império agora prepara-se para desenrolar a Constituição, ao mesmo tempo que o alferes-mor abre o estandarte. Até a própria Constituição torna-se um signo sacro, aberta com um quê de suspense e colocada junto a um missal, próximo do Imperador. O ritual parecia mágica e encantava quando trocava a mais competente e artificial encenação pela noção de que tudo lá estava porque devia estar. É esse o dom alucinatório dos rituais que, em sua perfeição, naturalizam espetáculos, que são antes da ordem da cultura. Eis é a lógica do consenso que, como diz o etnólogo Claude Lévi-Strauss, é eficaz por sua simples afirmação, porque fala de práticas e aspirações que fazem sentido na própria sociedade em que se instauram. Sem o consenso, só restariam os artifícios, a mera manipulação vazia e o ridículo de toda aquela encenação. Afinal, depois da chuva vinha o sol e devia ser difícil agüentar aquele bafo dos trópicos com tanta indumentária — composta por muitas penas, veludos e tafetás — e tanta afetação.

Mais uma vez ninguém lembrou de notar que havia algo de estranho naquela cerimônia; ao contrário, unida pelo ritual, a população acompanha tudo, certa de testemunhar uma grande ocasião. Afinal, como afirma o historiador Marc Bloch, o que mais se encontra no ritual não é o milagre, mas o desejo do milagre. É assim que concluída a continência da tropa, são admitidas ao cortejo do Imperador todas as pessoas que costumam participar da importante cerimônia do beija-mão, as quais, vindo do Pavilhão do Amazonas, fazem profunda reverência ao Mesmo Augusto Senhor, e outra a Suas Altezas Imperiais, e saem pelo Pavilhão do Prata. E eis que se inicia o beija-mão, ritual de origens européias e que representa o ato de submissão e de servilidade dos súditos ao rei. Acionado em ocasiões especiais — festividades, viagens e re-

O costume português do beija-mão: demonstração ritual de obediência. Anônimo, 1826.

tornos, aniversários e cerimônias diplomáticas —, tal ritual oficializa a atitude de se dirigir ao soberano sempre de joelhos e reclinado. Esse contato pessoal, que é também símbolo de obediência, acaba servindo como um momento de remate de mensagens e de cartas pedintes dirigidas à pessoa do monarca. Foi d. João VI quem incorporou o beija-mão ao ritual brasileiro: toda noite, por volta das oito horas, à exceção dos feriados e domingos, o rei recebia o público numa sala designada para esse propósito no Palácio de São Cristovão. Nesse momento especial, porém, o ato representa a aceitação da corte, que se curva diante do novo Imperador e, com seu gesto, sujeita-se ao regime.

## Banquete e muita música: o que eleva a alma, eleva a Deus e aos homens

Findo mais este ato d. Pedro II se retira e, na Sala do Trono do Paço, recebe o cumprimento das senhoras presentes: o cerimonial parece não ter fim. Depois de concluída essa etapa, logo que o monarca determinar, começará o banquete imperial, para o qual se seguirá o Programa A. Isso mesmo, a agenda continua e, na sala nova do trono, alguns poucos privilegiados assistem ao banquete imperial. O gentil-homem da semana dá ao monarca água para purificar as mãos, e os veadores às suas irmãs. Como se vê, o imperador brasileiro seria coroado, sagrado e purificado. E não só ele: o bispo capelão-mor benzerá as iguarias, depois de descobertas pelo vedor. Concluída a bênção, Sua Majestade toma assento, tendo à direita a princesa imperial d. Januária e à esquerda a princesa d. Francisca. Além dos quitutes, uma banda de música toca durante o banquete e alegra os felizes selecionados da corte: sem dúvida, um círculo restrito. Os músicos são, estranhamente, negros e mestiços, e esse detalhe a mais passa, por certo, desapercebido nessa corte tropical, que lida bem com símbolos tradicionais e europeus, relidos sob uma lógica própria.

Por outro lado, não esqueçamos que, na demonstração da alegria e da tristeza, o som tem mesmo papel fundamental. Assim como os soluços e o choro das carpideiras vêm em sinal da dor, o repique dos sinos marcam as pestes, a saúde e as horas do dia. Assim, a música tem no cerimonial régio uma importância de primeira grandeza. Deve estar presente onde quer que a imagem do monarca esteja representada, enaltecendo o rei e fazendo parte dos prazeres da Corte. No Brasil, porém, ela terá as cores de seus músicos repentinamente tingidas, apesar do pó-de-arroz que levavam ao rosto.

É o caso dos músicos da Real Fazenda Santa Cruz, que eram mantidos e sustentados pelo Império. Já nos tempos de d. João, além do Paço da Cidade e do Palácio da Boa Vista, em São Cristóvão, ainda outra propriedade lhe foi posta à disposição, em usufruto: a Fazenda de Santa Cruz. Não muito distante da Corte, a cerca de 60 quilômetros da cidade, ficava esta fazenda que pertencera e fora formada pelos jesuítas, sendo, porém, confiscada e incorporada aos bens da Coroa portuguesa em 1759, quando a ordem foi extinta pelo marquês de Pombal e os padres expulsos do Brasil. Ocupava uma área de grandes proporções, cujo traçado ia das ilhas de Guaraqueçaba e de Itingussu à serra de Mata-Cães em Vassouras; fazia limites ainda com Guaratiba, Marapicu e Mangaratiba. À pródiga natureza somou-se o desempenho dos jesuítas, que fizeram daquilo tudo um modelo de rentabilidade. E dos escravos (1.600 por ocasião da expulsão dos jesuítas), que recebiam tratamento diferenciado do habitual. Trabalhavam três dias para os padres, outros três nas suas próprias lavouras e criações; os domingos eram sagrados ao descanso e, é claro, às missas. Agora o mais curioso: escravos e escravas, ainda adolescentes, eram iniciados por mestres jesuítas no conhecimento da música sacra, formando corais, tocando instrumentos e gerando novos mestres. Pela arte e qualidade de seu desempenho, esses músicos foram ganhando fama, e a escola ficando conhecida como Conservatório de Santa Cruz.

Durante 50 anos — da expulsão dos jesuítas até a vinda da família real para o Brasil — a fazenda entrou em processo de decadência e estagnação, nunca mais alcançando a organização e rentabilidade dos primeiros tempos. Mas os músicos mestres continuaram, como puderam, a exercer o seu ofício, formando novas gerações, dando seqüência à tradição e educando *virtuoses*, não só instrumentistas, como cantores aptos para todas as solenidades de culto e também para execução de óperas.

A escola de música, ou Conservatório, recebeu novo impulso com d. João VI, mesmo porque os reis portugueses carregavam consigo, e na bagagem que aportou no Brasil, uma certa tradição musical. E Santa Cruz passou a ser a residência de verão da família real e, logo, imperial. As festividades e solenidades promovidas e ali realizadas por d. João ficaram famosas pela pompa e pelo esbanjamento de alegorias — procissões e missas na capela reformada e paramentada, luxuosas tapeçarias pelas ja-

A cruz como símbolo máximo da fazenda.
Desenho de Maria Graham, 1823.

nelas do palácio, iluminação, fogos, salvas e foguetes, e música, muita música.

Os músicos escravos dedicavam bastante tempo ao estudo teórico e à prática instrumental, sob a orientação de talentosos mestres, como o padre mulato José Maurício — músico, compositor e regente conhecido como o "Mozart brasileiro" —, que despertou respeito e ciúmes no português Marcos Portugal, prestigiado mestre de música de d. João desde os tempos de Lisboa. Do Conservatório saíram também os primeiros professores de música que o Rio de Janeiro conheceu, como Salvador José, e cantores negros que ficaram bem famosos atuando na cidade, como o modinheiro Joaquim Manoel.

Logo que ouviu a orquestra e o coral, d. João requisitou os primeiros violino, clarinete e fagote, assim como as cantoras Maria da Exaltação, Sebastiana e Matilde, para integrarem a orquestra da Real

Capela do Paço da Boa Vista, que se apresentaria em cerimônia especial. Assim nasceu uma nova vocação para a fazenda, que passava a fornecer escravos músicos ali criados e formados para os paços imperiais da cidade. Costume inaugurado por d. João, e seguido depois pelos imperadores, os músicos de Santa Cruz eram constantemente transferidos para integrar a orquestra, o coral ou a banda do Paço de São Cristóvão e da Capela Imperial.

Com a partida de d. João VI, a abdicação de d. Pedro I, anos mais tarde, e a ausência dos famosos mestres que se destacaram nas duas primeiras décadas do século, o Conservatório ficou meio apagado. Mas a reorganização de uma banda criada originalmente em 1818, e agora denominada Banda de Música da Imperial Fazenda, voltou a trazer popularidade aos músicos de Santa Cruz. E eram eles que compareciam ao ato de sagração de d. Pedro II, para abrilhantar tudo com muita música e um visual caprichado. Assim reorganizada, a banda substituiu a calça e jaqueta do velho uniforme por um belo e reluzente fardamento: azul, com quépi da mesma cor, guarnição vermelha, galões e botões dourados. Um cinturão preto envernizado ostentava fivelões dourados, e os sapatos pretos e bem brilhantes completavam "a boa figura": aparência muito estranha para escravos que nos retratos surgiam sempre descalços.

A banda apresentou-se no baile oferecido por d. Pedro II no Paço da Cidade, e, pela descrição de um oficial da marinha norte-americana, os trajes usados pelos músicos eram de muita gala: "O camareiro da corte, com seu pequeno bastão encabeçado de ouro, deu o sinal e, no fundo do salão, uma banda de 13 ou 14 músicos negros, em trajes de veludo vermelho enfeitados e listrados de renda dourada, começou a tocar uma alegre valsa."

Tocavam de tudo — rabeca, violoncelo, clarineta, rabecão, flauta, fagote, trombone, trompa, pistom, requinta, bumbo, flautins de ébano, bombardinos e bombardões —, executando marchas militares e patrióticas, valsas, modinhas, quadrilhas e, mais tarde, óperas. É por isso mesmo que a Casa Imperial pagava pelas despesas — partituras, cadernos pautados, instrumentos e peças — e arcava com certos dissabores ao ver tanta música tradicional ser executada por artistas negros e mulatos que alteravam, por vezes, letras, melodias e interpretações.

Retornemos mais uma vez ao banquete que acabamos de deixar para ouvir boa música. Alguns poucos felizardos receberam previamente o convite para o jantar, fazendo dessa peça um troféu de seu pertencimento ao núcleo mais "íntimo" do monarca. É o caso do conde de Valença, que abriu sua carta-convite, toda em papel canson sem timbre, contendo um texto manuscrito breve e assinado pelo mordomo-mor, o senhor

Paulo Barbosa: "S.M. O Imperador me ordenou convidasse a V. Exa. para jantar no Paço da Cidade no dia 28 do corrente. Deus guarde a V. Exa. Paço em 24 de abril de 1841."

Para esses poucos o traje demarcava a posição. As mulheres portavam suas saias amplas e longas, seus xales de seda da Índia. Costureiras de nomes estrangeiros cuidavam das vestes desse dia especial, enquanto os penteados ficavam por conta do senhor Charles Guignard, especialista nos coques de alturas proporcionais às aspirações dessa corte. Para os homens, fatos com tecidos ingleses escuros, casimiras e cartolas, como o ato exigia. Tudo muito pouco apropriado para o calor dos trópicos.

O motivo, porém, garantia que era "nobre o ato": jantava-se com o Imperador e o menu não deveria decepcionar: até mesmo o banquete era montado como um espetáculo da corte. Quando o Imperador dá jantares, mantém-se, em primeiro lugar, a regra da frontalidade, não estando ninguém sentado a sua frente. O próprio serviço de mesa é um dos símbolos, o cenário por excelência dessa extensão da fartura de todos e da própria corte. É por isso que cada prato deve estar em seu lugar, como cada convidado em sua devida posição. Iguarias dispostas e convidados à mesa, é hora de dar início ao jantar. Línguas de rouxinol, coxinhas de rola, peito de perdiz à milanesa, faisão assado, pastelinhos, compostas de marmelo e um bom brinde final... aí estava um belo cardápio que agradaria a todos: um pouco dos quitutes locais, e um toque mais europeu.

Sua Majestade, sempre o primeiro, é servido pelo vedor, trinchante-mor e copeiro-mor; pelo guarda-roupa da semana; criado particular e moço da montearia; e cada uma das princesas por dois veadores, um moço da câmara e um criado particular. Enquanto comem pouco falam, pois devem ser antes motivo de observação. Depois é a vez da corte que, recém-instruída na arte dos pratos e talheres, esforça-se para não fazer feio. Findo o banquete, terminada a seqüência de pratos, o bispo capelão-mor entoa graças, e o monarca se retira com suas augustas irmãs, que, com esse ato, dão por encerrada a grande refeição.

Falta pouco; só "o dia seguinte", totalmente contemplado pelo Programa n.3. No dia subseqüente ao da sagração, o monarca e suas irmãs recebem as felicitações da Assembléia Geral Legislativa, do corpo diplomático, das corporações e das pessoas que quiserem ter esta honra. À noite, visitam as iluminações, montadas no Campo de Santana, local especialmente popular, pois é lá que a cada ano se realizam as comemorações da festa do Divino, não se sabendo, a essa altura, quem empresta o santo para quem. Tudo pronto, mas o final da festa decepcionou: os fogos não subiram e os fogueteiros saíram feridos. Mau augúrio ou sinal de cansaço, o fato é que, depois de tanto ritual, não houve tempo para criticar a falta de sorte e de iluminações.

Quatro dias haviam se passado e só faltava cumprir a última etapa: "Sua Majestade o Imperador e Suas Altezas Imperiais honram o Teatro de S. Pedro de Alcântara com sua Augusta presença." O que começara com um teatro ritual da política terminava agora com uma encenação que, desta feita, era pura ficção. Entre tantos enredos fica difícil, porém, distinguir o que é mito do que é metáfora; o que é história do que é imaginação. Deixemos para lá: não restaram dúvidas sobre a qualidade do ritual. Repicaram os sinos, soaram as salvas e a multidão saldou, finalmente, o novo Imperador. A riqueza das insígnias e o rigor do ritual de sagração do jovem monarca encheram os olhos, e deslumbraram um público encantado diante de espetáculo tão magnânimo. Com efeito, a coroação e a sagração representaram um momento central para a afirmação de um passado real, uma tradição imperial que até parecia consolidada e próspera. Releve-se a pouca idade do monarca, a pressa na realização do ritual e o caráter um tanto postiço de toda a encenação. Parecia até que as dificuldades políticas das Regências tinham se diluído única e exclusivamente por conta do ato. Nada como um pouco dessa lógica mágica do ritual para apaziguar humores e dar a vertigem de que, nessa chave, tudo estava resolvido. Esqueçam-se as rebeliões, o perigo da descentralização e as experiências republicanas. Assim, vista ao longe, até parecia que a imagem do rei tinha o poder de tudo serenar.

## Para terminar: o Brasil tem novamente um rei

Pode-se dizer que todo poder instituído gera suas próprias imagens e símbolos. Essa iconografia oficial, cujos suportes são variados — insígnias, ícones, alegorias, rituais e a própria etiqueta —, leva, em última instância, a que a opinião pública se habitue a associar o poder a uma imagem mental do poder. Isto é, transforma-se o Estado constituído na única forma de poder possível e visível. Por isso mesmo, uma representação oficial excessivamente nova é, em geral, sinal de desprestígio e acaba não reforçando o poder que simboliza. É assim que esse jogo constitui-se como uma disputa entre o velho e o novo; ou melhor, a tradição é reinventada no sentido de dar continuidade e fazer sentido para o momento presente.

Nesse movimento a nação se transforma numa "comunidade afetiva", onde são reelaborados elementos que falam da mais longa duração e da mais breve experiência. Mas nem tudo pode ser exclusivamente explicado a partir da lógica do poder. De um lado, não há como negar que são as elites políticas e sociais que reorganizam a memória oficial, no sentido de encontrar coerência e sentimentos comuns que impliquem pensar em um só território, em um só Império, feito de tantas particularidades. De outro lado, porém, não existe discurso que vingue sem uma certa "comunidade de sentidos", um sentimento de pertencer a uma mesma sociedade, cujas marcas são dadas pela experiência e pelos costumes que se acumulam em uma história longa. Verniz ou não, o fato é que não se manipula no vazio, e que, apesar de muitas vezes intencional, os rituais e emblemas não se impõem de forma exterior e aleatória. Entender as marcas simbólicas da realeza é perceber como é possível descobrir intencionalidade na cultura política, mas ainda atentar para o fortalecimento de um regime que criou raízes no imaginário popular não só porque o contexto financeiro lhe era favorável — com a alta do café e o final do tráfico de escravos em 1850 —, como também em função de uma imagem pública cuidadosamente talhada e de uma releitura feita de muitas partes. Estamos falando, portanto, de símbolos e representações que, além de estarem ancorados na estrutura socioeconômica, na qual foram concebidos e da qual fazem parte, são partilhados coletivamente, mesmo que reapropriados segundo padrões nem sempre idênticos.

Há uma certa circularidade cultural na compreensão da monarquia brasileira, um toma-lá-dá-cá, um universo de significação comum, que possibilitou que grupos diversos se reconhecessem, de formas variadas mas a partir de estruturas semelhantes. Na procissão de sagração, pode-se dizer que desfilavam várias coroas: o monarca europeu, mas também a realeza dos africanos e a figura alegórica revista a partir de tantas concepções que compartilhavam a festa. É claro que as posições eram distintas e que as hierarquias ficavam bem estabelecidas e reafirmadas, conforme passava o cortejo. No entanto, a compreensão da importância do rei permitia várias interpretações.

Assim, ao mesmo tempo que fica evidente a construção de uma certa cultura política no projeto do Segundo Reinado, não há como deixar passar a constatação de que o discurso das elites encontrava eco nos grupos populares. Dessa maneira, enquanto o imaginário popular se nutria da realeza, e de certa maneira se "europeizava", também é possível supor o oposto: a monarquia brasileira impregnava-se de elementos da cultura local.

Na verdade, o evento particular que acabamos de acompanhar ajuda a refletir sobre as relações complexas que se estabelecem entre a política mais tradicional e o ritual simbólico. Trata-se de pensar de que maneira as representações são historicamente produzidas pelas práticas articuladas (políticas, sociais e discursivas), sem abrir mão de uma análise das imagens que se repetem e são recorrentes, a despeito dos eventos em que se inserem. O desafio é, tomando de empréstimo um conceito caro à Nova História, reconhecer a existência de valores de permanência mental na "longa duração", que sobrevivem à infra-estrutura mais imediata e dialogam, re-significados e alterados em outros contextos. Dessa maneira, para além da necessária referência ao contexto e às dimensões políticas, pode-se pensar como, desconstruídas as categorias culturais (cujo significado é correlato à ação), restam valores não redutíveis ao significado mais imediato.

Levar a sério os universos simbólicos produzidos por uma sociedade é de alguma maneira insistir não só nos "fundamentos sociais da vida simbólica" — como propôs Émile Durkheim nas *Regras do método sociológico* —, mas também nos fundamentos simbólicos da vida social. Talvez seja o antropólogo Marshall Sahlins quem mais tenha buscado superar a dicotomia que vem separando analiticamente a "história", entendida como mudança, da "estrutura", definida a partir da idéia da permanência. Entre outros temas, Sahlins revela como cada sociedade carrega cosmologias particulares, que falam de concepções próprias e arraigadas de mundo, e transformam em "eventos" apenas alguns acontecimentos particularmente carregados de significado. A atenção desloca-se dessa maneira para a dinâmica cultural, isto é, para a contínua re-elaboração que se dá entre a emissão de um evento e sua própria recepção. Ora, pensar na maneira como a elite política imperial manipulava a procissão de d. Pedro II não implica explicar, por decorrência, sua popularidade e o enraizamento desses símbolos.

É nesse sentido que percebemos, como afirmou o antropólogo Franz Boas, que "o olho que vê é órgão da tradição", já que ninguém enxerga exatamente o que quer, ou livre de qualquer pressuposto de ordem cultural ou mesmo social, dialogando apenas com as novas situações que se impõem. Os mitos políticos contemporâneos se pareceriam um pouco, portanto, com os mitos sagrados, ao carregar matéria do passado conservando níveis explicativos para o presente. Falariam da compreensão que uma determinada sociedade traz de si própria e de sua história, mas a atualizariam para o presente, recuperando as representações que produz, seus valores, ou descrevendo seus costumes. Na absorção do rei dialogavam, assim, diferentes instâncias explicativas, atualizadas pela cerimônia que se desenvolvia nas ruas, no Paço e na Capela Imperial: o monarca das elites políticas — que apostavam todas as suas fichas na efetivação do novo sistema — dividia espaços com o soberano alegórico das tantas releituras e que era recebido como imperador do Divino, entre lundus e congadas.

Por isso mesmo, nada melhor do que tomar a festa como objeto, a festa que não é senão uma forma sintética de reflexão sobre a vida. A coroação de d. Pedro II funciona, portanto, como um ritual, com toda a sua capacidade de condensação, toda essa maneira própria de revelar um mundo onde as pessoas se reconhecem, a despeito de suas visões tão originais. Nesse caso particular, interessa não só entender a imposição externa da monarquia — através de um golpe —, mas também que elementos favoreciam a boa recepção do monarca, e, nesse sentido, é o mito do rei que atua como grande fator catalisador e mobilizador das forças sociais. Nesses momentos destacados, de um lado reafirma-se e se dá visibilidade ao poder — com sua pompa, seus rituais e por meio do carisma da figura real —, de outro inicia-se uma viagem rumo à releitura popular. Se é por meio das festas de celebração que se salienta o aspecto de representação desse sistema, o ritual não se limita, porém, ao puro fingimento e ao jogo de aparências. É certo que a afirmação da monarquia, em meio a uma América republicana, era matéria de difícil manejo, assim como é evidente que o brilho do ritual ofuscava as grandes contradições do sistema e que a realeza era fértil na produção de símbolos de cultura política. Porém, apenas a compreensão política não desconstrói a natureza simbólica do ritual; pode explicar o fato imediato, mas não a persistência e a popularidade.

Enfim... depois de tanto ritual o Imperador estava finalmente coroado, ungido e sacralizado. Com a pesada coroa na cabeça, seu cetro comprido e arqueado, arrastando seu longo manto e com a murça de plumagem dando-lhe o aspecto ingênuo de imperador do Divino, subiu d. Pedro (agora II) os degraus da Varanda e olhou para a população a seus pés: a sua população. Assim pequeno, ele mais se parecia com uma figura alegórica, que mal disfarçava o rapaz de olhar perplexo. Soavam os sinos, tremulavam os estandarte e as bandeiras e o ápice do ritual tomou forma para chegar a seu final retumbante: o Brasil tinha novamente um rei.

# Cronologia

1808 Vinda da família Real ao Brasil
Abertura dos portos às nações amigas
Revogação do Alvará de 1875 que proibia a instalação de manufaturas no Brasil
Criação do Banco do Brasil

1810 Tratado de Amizade e Aliança, Comércio e Navegação

1815 Elevação do Brasil à condição de Reino Unido a Portugal e Algarves

1816 Chegada da missão artística francesa ao Brasil

1817 Casamento do príncipe d. Pedro com Maria Leopoldina
Insurreição pernambucana

1820 Revolução liberal do Porto

1821 Volta de d. João VI a Portugal

1822 Independência do Brasil

1824 Carta Outorgada

**1825**

2 dez Nasce Pedro de Alcântara

Portugal e Inglaterra reconhecem a independência do Brasil

Guerra da Cisplatina entre Brasil e Argentina pela Província Cisplatina

**1826** Morre a mãe de d. Pedro II, dona Leopoldina

**1828** Fim da Guerra da Cisplatina

Falência do Banco do Brasil

**1829** D. Amélia de Leuchtenberg, segunda esposa de d. Pedro, chega ao Rio

**1831**

7 abr Abdicação de d. Pedro I

7 abr Escolhida a Regência Trina Provísória

9 abr Aclamação de d. Pedro II

13 abr Partida de d. Pedro I para a Europa

17 jun Regência Trina Permanente

**1834**

24 set Falece em Lisboa d. Pedro I

Reforma da Carta Outorgada pelo Ato Adicional

**1835** Eclosão da Cabanagem (PA), Farroupilha (RS), Revolta dos Malês (BA)

12 out Diogo Feijó é eleito regente do Império

**1837**

19 set Demissão de Feijó

nov Eclosão da Revolta da Sabinada na Bahia

**1838**

22 abr Olinda é eleito regente do Império
Fim da Sabinada na Bahia

**1840** Fim da Cabanagem

23 jul Golpe da Maioridade. O "quero já"
24 jul Gabinete da Maioridade.
Bento Lisboa negocia em Viena o casamento do imperador e de suas irmãs

**1841**

16-19 jul Ritual da sagração e coroação de d. Pedro II
Esmagada a Revolta da Balaiada

**1842**

10 mai Revolução dos liberais em São Paulo

**1843**

30 mai Casamento em Nápoles (por procuração) do imperador com Tereza Cristina Maria de Bourbon (princesa das Duas Sicílias)
3 set Chegada da imperatriz ao Rio de Janeiro, na fragata *Constituição*

**1845**

1º mar Termina a Guerra dos Farrapos

# Referências e fontes

Boa parte das referências que aparecem neste livro pode ser também encontrada em *As barbas do imperador. D. Pedro II, um monarca nos trópicos* (São Paulo, Companhia das Letras, 1998), obra em que desenvolvo com mais vagar a construção da figura pública do segundo monarca brasileiro.

O documento que serve de base para a análise da procissão de sagração e coroação de d. Pedro II não tem autor reconhecido e é denominado *Disposições para a sagração de S.M. o Imperador.* Ele serviu como pretexto para que fosse possível selecionar ícones da monarquia brasileira, adicionando-se ao original uma série de elementos que definem rituais e símbolos que se impõem, sobretudo, durante o Segundo Reinado.

Os dados utilizados na descrição da Varanda foram extraídos do documento *Descrição do edifício construído para a solenidade da coroação e sagração de S.M. o Imperador o senhor d. Pedro II*, em publicação do Arquivo Nacional, datada de 1925.

A descrição da fazenda Santa Cruz foi bastante pautada em C. Cavalcante, *Relatório sobre a Fazenda de Santa Cruz* (Rio de Janeiro, Imprensa Nacional, 1892), no texto de

Saldanha da Gama, "História da imperial Fazenda de Santa Cruz" (*RIHGB*, 1875, t.38) e na obra de Benedito Freitas, *Santa Cruz — Fazenda jesuítica, imperial e real* (Rio de Janeiro, s/e, 1985-7).

Na análise das insígnias do Império, além de contar com material já acumulado em meu livro, consultei, com freqüência, o excelente livro de Ana Maria Alves, *Iconologia do poder real no período manuelino* (Lisboa, Imprensa Nacional/Casa da Moeda, 1985). Utilizei, ainda, a coletânea organizada por Francisco Bethencourt e Diogo Ramada Curto, *A memória da nação* (Lisboa, Livraria Sá da Costa/Gulbenkian, 1987) para o desenvolvimento desse tema em específico e para a comparação com rituais cuja origem era portuguesa: festas, cortejos e procissões. Na elaboração do cardápio oferecido durante o banquete imperial servi-me de uma crônica de Machado de Assis, publicada em 7.7.1877 (Rio de Janeiro, Nova Aguilar, 1961), onde o literato faz o papel de um experiente e galhofeiro etnógrafo.

O autor mencionado na página 28, Ernest Kantorowicz, elaborou no livro *Os dois corpos do rei* (São Paulo, Companhia das Letras, 1998) a célebre metáfora que revela a dualidade do poder régio: um mais terreno, outro sacralizado. Por sua vez, o historiador francês Marc Bloch, que aparece mencionado na página 54, tratou em *Os reis taumaturgos* (São Paulo, Companhia das Letras, 1993) do poder de curar pelo toque dos monarcas franceses.

Norbert Elias — *A sociedade de corte* (Rio de Janeiro, Jorge Zahar, no prelo) — é citado na página 40. Seu trabalho é fundamental para entender a estrutura de uma sociedade de corte, onde a etiqueta e a hierarquia adquirem uma lógica essencial.

Claude Lévi-Strauss é o etnólogo francês referido na página 54. Em muito ensaios o autor reflete sobre a "eficácia simbólica" e acerca da lógica relativista de seu conteúdo. No caso, o paralelo se volta para dois ensaios: "O feiticeiro e sua magia" e "A eficácia simbólica", ambos encontrados na coletânea de ensaios *Antropologia estrutural* (Rio de Janeiro, Tempo Brasileiro, 1975).

Marshall Sahlins, que é introduzido na conclusão deste livro (mais especificamente na página 68), tem tido um importante papel nesse debate de fronteira entre antropologia e história. Seus livros *Historical Metaphors and Mythical Realities* (Michigan University Press, 1981) e *Ilhas de história* (Rio de Janeiro, Jorge Zahar, 1990) são fundamentais para a reflexão sobre a dimensão simbólica da cultura e do poder político.

O termo "longa duração" foi estabelecido por Fernand Braudel e fala de temporalidades mais lentas e que custam a passar. Para conferir sugiro a leitura de *O mediterrâneo e o mundo mediterrânico* (Lisboa, Dom Quixote, 1995) e *Escritos sobre a história* (São Paulo, Perspectiva, 1969).

Por fim, a expressão "comunidade de sentidos" foi retirada da obra de Bronislaw Baczo. *Les imaginaires sociaux* (Paris, Payot, 1984), ao passo que o termo "invenção das tradições" foi consagrado pelo historiador Eric Hobsbawm, em obra de mesmo título (Paz e Terra, 1984).

# Sugestões de leitura

Além da bibliografia e dos documentos mencionados no decorrer do texto, algumas outras obras serão da maior serventia para quem buscar aprofundar temas que aparecem no livro como um todo.

• Para uma visão mais geral dos impasses que cercam o "golpe da maioridade" e o Segundo Reinado, sugiro a leitura dos livros de José Murilo de Carvalho — mais especialmente *A construção da ordem: a elite política imperial* (Rio de Janeiro, Campus, 1980) e *Teatro de sombras. A política imperial* (Rio de Janeiro, Vértice, 1988) —, os ensaios de Sergio Buarque de Holanda, que fazem parte dos volumes 4 e 5 de *História geral da civilização brasileira* (Rio de Janeiro, Difel, 1977) e a obra de Ilmar R. de Mattos, *O tempo de Saquarema: a formação do Estado imperial* (São Paulo, Hucitec, 1990).

• Muitos são os autores que analisaram o caráter mágico que envolve os rituais de monarquia. Fiquemos apenas com os mais clássicos: além das obras já citadas — de Kantorowitcz e de Marc Bloch —, é bom lembrar o clássico de James Frazer *O ramo de ouro* (1890) (Rio de Janeiro, Zahar, 1982), a obra inovadora de Clifford Geertz, *Negara. Um Estado teatro no século XIX* (Lisboa, Difel, 1980) e o estudo de referência de Ralph Giesey: *Le roi ne meurt jamais* (Paris, Flammarion, 1987). Outro livro que trata de tema próximo é *A fabricação do rei* (Rio de Janeiro, Jorge Zahar, 1994), de autoria de Peter Burke. A abordagem teórica é, porém, diversa: Burke tratou basicamente da construção consciente e manipulada do monarca francês e de seu grupo, ao passo que aqui procurou-se refletir sobre os dois lados do processo e de que maneira d. Pedro era artífice e espectador de sua representação.

• Análises sobres as particularidades da nobreza brasileira podem ser encontradas em obras como: Vera Lúcia B. Tostes, *Princípios de heráldica* (Rio de Janeiro, s/e, 1993), e de A.E.M. Zuquete (org.) *Nobreza de Portugal e do Brasil* (Rio de Janeiro, Editorial Enciclopédia, 1960, 2 vols.).

• Para uma visão mais ampla da população da Corte e da política escravocrata durante o Império, sugiro a leitura do ensaio de Luiz Felipe de Alencastro publicado em *História da vida privada brasileira*, vol.2 (São Paulo, Companhia das Letras, 1998). O historiador João José Reis, em *A morte é uma festa: ritos fúnebres e revoluções populares no Brasil do século XIX* (São Paulo, Companhia das Letras, 1991) revela estruturas africanas que são base para a re-leitura de rituais e costumes europeus aqui arraigados.

• São muitas as obras que tratam do ritual e de sua dimensão simbólica. Seleciono, entre outros, a obra de Marcel Mauss *Ensaio sobre o dom* (Lisboa, Edições 70, 1988), onde se pode notar com propriedade como o exercício da reciprocidade é antes motivo de coerção e de obrigatoriedade. Nessa mesma linha, e para pensar em um "ethos da festa brasileira", cito o iluminado trabalho de Maria Lúcia Montes: *O universo mágico do barroco brasileiro* (São Paulo, Pinacoteca, 1998).

## *Créditos das ilustrações*

p.11: Volante de procura de escravo, 1854. Acervo da Fundação Biblioteca Nacional.

p.15: *Festas populares*, de Carlos Julião, 1795. Acervo da Fundação Biblioteca Nacional.

p.18: Paço da Cidade. Instituto Histórico e Geográfico Brasileiro.

p.30: Ilustração de d. João Solórzano. Acervo da Fundação Biblioteca Nacional.

p.50: Imagem oficial da coroação de d. Pedro II. Acervo da Fundação Biblioteca Nacional.

Caderno de ilustrações

1. Representação oficial de d. Pedro II, 1841. Acervo da Fundação Biblioteca Nacional.

2. D. Pedro II em imagem mais realista. Acervo da Fundação Biblioteca Nacional.

3. Coroação de d. Pedro II, estudo de Manuel de Araújo Porto Alegre, c.1843. Acervo do Museu Histórico Nacional.

4. Coroação, óleo de François René Moreaux, 1842. Acervo do Museu Imperial de Petrópolis.

5. Moeda comemorativa da sagração, L. Ferraz, 1841. Acervo do Museu Mariano Procópio.

6. Moeda comemorativa da sagração, 1841. Acervo do Museu Mariano Procópio.

7. Estátua comemorativa da sagração. Acervo da Fundação Biblioteca Nacional.

8. Trono de d. Pedro II. Museu Imperial de Petrópolis.

9. D. Pedro pouco antes da maioridade. Acervo da Fundação Biblioteca Nacional.

10. Carruagem de d. Pedro II. Museu Imperial de Petrópolis.

11. Coroação de d. Pedro II. Acervo da Fundação Biblioteca Nacional.

12. D. Pedro II. Gravura aquarelada de Hendrickx, 1841. Acervo do Arquivo Nacional.

13. D. Pedro II e irmãs, 1840. Acervo da Fundação Biblioteca Nacional.

14. *Varanda*, de Manuel de Araújo Porto Alegre, 1841. Acervo do Museu Imperial de Petrópolis.

17. *Vestimentas de escravos*, aquarela de Carlos Julião, século XVIII. Acervo da Fundação Biblioteca Nacional.

18. *Natureza morta com estatueta de d. Pedro II*, óleo sobre tela de José dos Reis Carvalho, 1844. Coleção particular.

# Sobre a autora

Lilia Moritz Schwarcz é professora livre-docente no Departamento de Antropologia da Universidade de São Paulo (USP). É autora, entre outros, de *Retrato em branco e negro — jornais, escravos e cidadãos em São Paulo de finais do século XIX* (São Paulo, Companhia das Letras, 1987), *O espetáculo das raças — cientistas, instituições e questão racial no Brasil do século XIX* (São Paulo, Companhia das Letras, 1993, e Nova York, Farrar Strauss and Giroux, 1999) e *As barbas do Imperador — D. Pedro II, um monarca nos trópicos* (São Paulo, Companhia das Letras, Prêmio Jabuti/Livro do Ano).

Com Angela Marques da Costa escreveu *No tempo das certezas* (São Paulo, Companhia das Letras, 2000). Em 1997 organizou para a Edusp (Editora da Universidade de São Paulo) os livros: *Raça e diversidade*, com Renato Queiroz, e *Negras imagens*, com Letícia Vidor Reis. Coordenou o volume 4 da *História da vida privada no Brasil: contrastes da intimidade contemporânea* (São Paulo, Companhia das Letras, 1998). Foi curadora das exposições: *Virando vinte: política, cultura e imaginário em São*

*Paulo no final do século XIX* (São Paulo, Casa das Rosas, 1994-5) e *Navio negreiro: cotidiano, castigo e rebelião escrava* (São Paulo, Estação Ciência, 1994 e 1998).

## Coleção Descobrindo o Brasil
*direção: Celso Castro*

**A modernização da imprensa (1970-2000)**
Alzira Alves de Abreu

**O Brasil no império português**
Janaina Amado e Luiz Figueiredo

**Os intelectuais da educação**
Helena Bomeny

**A era do rádio**
Lia Calabre

**A invenção do Exército brasileiro**
**A proclamação da República**
Celso Castro

**O Estado Novo**
Maria Celina D'Araujo

**A belle époque amazônica**
Ana Maria Daou

**O livro e a leitura no Brasil**
Alessandra El Far

**O pensamento nacionalista autoritário**
Boris Fausto

**Os índios antes do Brasil**
Carlos Fausto

**Os brasileiros e a Segunda Guerra Mundial**
Francisco César Ferraz

**Rebeliões no Brasil Colônia**
Luciano Figueiredo

**Palmares, ontem e hoje**
Pedro P. Funari e Aline V. Carvalho

**A arte rupestre no Brasil**
**Sambaqui: arqueologia do litoral brasileiro**
Madu Gaspar

**As formas do espaço brasileiro**
Pedro Geiger

**Cidadania e direitos do trabalho**
Angela de Castro Gomes

**Negros e política (1888-1937)**
Flávio Gomes

**Código Civil e cidadania**
Keila Grinberg

**Como falam os brasileiros**
Yonne Leite e Dinah Callou

**Uma viagem com Debret**
Valéria Lima

**O nascimento da imprensa brasileira**
Isabel Lustosa

**Escravidão e cidadania no Brasil monárquico**
Hebe Maria Mattos

**Os evangélicos**
Clara Mafra

**O sindicalismo brasileiro após 1930**
Marcelo Badaró Mattos

**O período das Regências (1831-1840)**
Marco Morel

**Da Bossa Nova à Tropicália**
Santuza Cambraia Naves

**Arqueologia da Amazônia**
Eduardo Góes Neves

**O Brasil dos imigrantes**
Lucia Lippi Oliveira

**Política externa brasileira**
Leticia Pinheiro

**Ditadura militar, esquerdas e sociedade**
Daniel Aarão Reis

**A Independência do Brasil**
Iara Lis C. Souza

**Partidos políticos no Brasil (1945-2000)**
Rogerio Schmitt

**O Império em procissão**
Lilia Moritz Schwarcz

**Modernismo e música brasileira**
Elizabeth Travassos Lins

**A fotografia no Império**
Pedro Karp Vasquez

**Brasil de todos os santos**
Ronaldo Vainfas e Juliana Souza